Leć po marzenia

ŚWIAT WIDZIANY OKIEM WYSOKO WRAŻLIWEJ KOBIETY

ANGELIKA SKWERES

Leć po marzenia

Świat widziany okiem wysoko wrażliwej kobiety

———————

Agnieszka Ciach - pomoc przy publikacji

Justyna Topolska - korekta książki

Spis treści

Wstęp

Z moich badań i rozmów z obserwatorkami wynika, że kobietom brakuje poczucia własnej wartości. Już nie chodzi o to, czy kobieta jest wrażliwa, czy nie. Tu chodzi o każdą z nas.

Przyczynia się do tego między innymi niewspierające środowisko, ale również łatwość wyrażania przez ludzi opinii w internecie. I o ile jesteśmy za swobodą wypowiedzi i wolności słowa, o tyle nie zawsze wdrażamy to w życie. Albo inne kobiety nie wdrażają tego w życie, przez co spada chęć głośnego, swobodnego wypowiadania tego, co myślimy, z obawy, że zostaniemy obrażone. Takie zachowania można zauważyć na przeróżnych forach internetowych, gdzie kobieta kobiecie wilkiem. Przychodzimy po pomoc, poradę, a wychodzimy smutne, nieszczęśliwe i z rozpętaną gównoburzą. No takie coś na pewno nie wpływa dobrze na nasze poczucie wartości.

Zamiast zajrzeć w swoje wnętrze i skupić się na sobie,

zaglądamy na podwórko sąsiadki. Bo jak wiadomo za płotem trawa zawsze bardziej zielona.

No i tworzą się porównania, przekonania itp.

Przełomowym momentem jest ten, w którym zaczynamy być świadome. Świadome siebie i swojej wartości. To wiąże się z pracą nad sobą i tym, co przez lata zostało w nas utrwalone.

Wiele osób, z którymi rozmawiałam, po latach odkryło w sobie cechę wysokiej wrażliwości na otaczający nas świat. Powtarzały one: „To ze mną jednak wszystko jest OK".

No tak. Uważność na siebie, poznanie swoich potrzeb, akceptacja. Nowe życie – już z większą przyjemnością, bo wiemy, jak sobie radzić z tym, co przez lata dusiło w środku.

Z taką świadomością, gdy zostaniemy rodzicami, zupełnie inaczej możemy od maleńkości kreować życie dzieci. Być pomocni. Nie wymagać, by spełniały one nasze oczekiwania tylko dlatego, że są wrażliwe i widzą ten świat inaczej.

Dbajmy o to już od urodzenia. Dostrzegajmy potrzeby innych i wychowujmy dzieci z troską, zrozumieniem i szacunkiem.

Energia kreatywna...
Tak! Płynę z energią. I intuicją.
Korzystam z chwil, które daje mi życie.
Czasem się boję.
Zdecydowanie częściej jednak wiem, że to, co robię, ma sens!

Tworzę dla kobiet.
Pozytywnym okiem patrzę na świat. Bo świat jest
piękny.
Dziękuję, że jesteś.
Weź tyle, ile potrzebujesz.
Pamiętaj, że czasem wystarczy jedno zdanie, aby wziąć
życie w swoje ręce i działać.
Tego Ci życzę!

DWA
Kilka słów o mnie

Mam na imię Angelika i mieszkam w Edynburgu. Jestem szczęśliwą żoną i mamą dwójki dzieci.

Żyję tu i teraz. Wierzę, że nie ma przypadków i wszystko dzieje się po coś. W życiu kieruję się intuicją, która podpowiada mi, aby wspierać, motywować oraz inspirować inne kobiety do działania. Chcę pomóc im dążyć do samoakceptacji i życia w zgodzie ze sobą. Wymyśliłam sobie, że to będzie moja życiowa misja.

W 2023 roku napisałam swoją pierwszą książkę *Z pasji do motywacji*. Opinie o niej przeszły moje najśmielsze oczekiwania. Ta książka zmotywowała do działania i dała pozytywną energię wielu kobietom. Dzięki temu mogły one zacząć zmieniać swoje życie, nabierać pewności siebie i iść po więcej. Ta książka dała wiele mnie samej.

Postanowiłam więc pójść krok dalej. Opowiem Ci, jak działam i jak zmieniło się moje życie. Zapraszam Cię do przeczytania mojej historii. Dziele się wskazówkami i poradami.

To co mamy – nasze doświadczenie – jest czymś, czym możemy się dzielić z innymi. Wszystko to zrozumiałam i wypracowałam, gdy zaakceptowałam swoją wrażliwość.

Działam na podstawie własnego doświadczenia. Na swoim instagramowym profilu @pasja_motywacja dzielę się z innymi motywującymi cytatami oraz przybliżam tematy związane z wrażliwością, samoakceptacją i rozwojem osobistym.

Po wydaniu pierwszej książki zaczęłam prowadzić warsztaty z obszaru wysokiej wrażliwości, rozwoju osobistego oraz motywacji.

Niniejsza książka oparta jest na moich doświadczeniach w drodze do poznania i pokochania siebie.

Jestem pewna, że weźmiesz z niej tyle, ile potrzebujesz.

Dodatkiem będą historie z życia widzianego okiem wysoko wrażliwej mamy. O wysokiej wrażliwości należy mówić.

Jestem kobietą, która ma w sobie ogromne pokłady empatii oraz silną intuicję. Odczuwam mocniej i więcej. Mam wielkie zasoby emocjonalne i umiem o nich mówić. A czy emocje opisuje się łatwo? Zdecydowanie nie, bo ciężko wiele z nich sobie uświadomić. Dlatego uważam, że trzeba o nich mówić. O tych dobrych, radosnych, ale też o tych słabszych – zwłaszcza o takich, o których inni nie mają pojęcia. Macierzyństwo to prawdziwy rollercoaster. Typowa sinusoida uczuć, zmęczenia fizycznego i psychicznego, radości i dumy ze swojej pociechy. Wszystko to dźwiga jedna osoba – mama, kobieta. Życie codzienne, hormony, huśtawki nastrojów, wpływ osób bliskich, problemy i małe szczęścia – tyle na głowie.

W 2022 roku potwierdziły się moje przypuszczenia: razem z córką jesteśmy osobami wysoko wrażliwymi (WWO). To znaczy, że świat odbieramy mocniej i intensywniej. Cechują nas: empatia, podatność na przestymulowanie, nadwrażliwość, większe potrzeby bycia w uważności dla siebie. Jesteśmy bardziej wrażliwe na światło, dźwięki, tłumy ludzi. Mamy silną intuicję. Często analizujemy sytuacje w głowie, piszemy scenariusze różnych historii lub przeżytych rozmów. Mocniej odbieramy krytykę, bo uderza ona w nas. Łatwo odczuwamy i przenosimy na siebie emocje innych.

Mam nadzieję, że to krótkie wprowadzenie bardzo Cię zaciekawiło i chcesz poznać moją historię i punkt widzenia. Tak więc zaczynajmy...

TRZY
Emigracja

Muszę poruszyć temat emigracji, ponieważ jest to najważniejszy etap, który przeżyłam i który mnie ukształtował. Poszerzył moje horyzonty. Zmieniłam wiele przekonań, które wyniosłam z polskiej społeczności. To takie drzwi na świat, na ludzi. Tolerancja, odmienność – tego należy doświadczać.

W Polsce pracowałam w hotelowej recepcji. Bardzo lubiłam tę pracę. Uwielbiałam poznawać turystów, którzy przyjeżdżali do mojego miasta. Niestety, jak to w życiu bywa – zwłaszcza w młodym wieku – człowiek szuka swojego miejsca na ziemi.

W 2017 roku razem z ówczesnym chłopakiem (teraz już mężem) postanowiliśmy wyjechać za granicę. Do Szkocji, do Edynburga. To była trudna decyzja. Z perspektywy czasu jednak wiem, że jedyna słuszna, jaką mogliśmy podjąć. Zawsze lubiłam podróżować i poznawać nowe miejsca czy osoby, więc traktowałam to jako wyzwanie. Przygodę.

Aczkolwiek w głowie zawsze miałam myśl, że jeśli coś się nie powiedzie, to zawsze mogę wrócić. Przecież to tylko dwie godziny drogi samolotem, a na bilet powrotny pieniądze mam.

Po tylu latach wiem, że nie wrócę do rodzinnego kraju. Ułożyłam sobie tutaj życie, poznałam nowych ludzi. Zaczęłam tak naprawdę wszystko od nowa. Być może ta otwartość Szkotów, czy innych nacji mieszkających tutaj, pozwoliła mi przestać być tą skromną i nieśmiałą osobą. Stałam się bardziej uśmiechnięta i pogodna. Spojrzałam na siebie z innej perspektywy, przez co nabrałam pewności siebie i zaczęłam okazywać emocje tak samo, jak robią to Brytyjczycy, których poznałam. To naprawdę ciekawe doświadczenie spotykać na swojej drodze ludzi, którzy nie narzekają, nie wylewają swoich problemów na drugą osobę, a są dla siebie mili.

Przeprowadzka wiązała się z tym, że musieliśmy wynająć mały pokój, bo tylko na to było nas stać. Zamieszkaliśmy z obcymi ludźmi i było to dla mnie doświadczenie zupełnie nowe. Bałam się tego, czy zostanę zaakceptowana wśród współlokatorów. Czy odnajdę się w zupełnie innym świecie? Czy osoby, które zastąpią rodzinę, będą moimi bratnimi duszami?

Moje obawy były w ogóle niepotrzebne. Jak zwykle za dużo analizowałam i się denerwowałam. Nawiązały się cudowne znajomości, które trwają do dzisiaj.

Nowe miejsce, nowy świat. Ogarnięcie autobusów – początkowo było czymś trudnym. W głowie kotłowało mi się od tego, jak mam się nimi przemieszczać. Stresowałam się, czy wsiądę w odpowiedni i na czas dojadę do pracy. Na początku pracowałam aż siedem dni w tygodniu, dzięki temu zapominałam o tęsknocie za rodziną. Emigrację trakto-wałam jako szkołę życia.

Mimo że nie wiedziałam wtedy o czymś takim jak wysoka wrażliwość, to **mocno odczuwałam tak szybkie tempo życia**. Bardzo dobrze pracowało mi się w pojedynkę. Nie czułam presji czasu, nie czułam się oceniana przez innych. Po wielu godzinach pracy nie musiałam wdawać się w konwersacje. Bardzo odpowiadała mi ta samotność. Ogromnym plusem, jaki szybko dostrzegłam w moim magicznym Edynburgu, była duża liczba parków, miejsc zielonych, gdzie można było odpocząć. W pierwszych latach poznawałam wielu nowych ludzi. Jak u każdego – jedni wnieśli dużo do mojego życia, drudzy nieco mniej, a jeszcze inni zabierali mi całą energię.

Jak i gdzie pracowałam?

Pracowałam jako *cleaner* – sprzątałam. Na początku w biurach, apartamentach i domkach. Zajmowałam się tym od samego rana do wieczora, z przerwą w ciągu dnia na szybki obiad. To pozwalało zarobić na planowany ślub i nie myśleć o tęsknocie. Taki właśnie był mój cel, więc bez wymówek chodziłam do pracy. Czy zwracałam uwagę na przemęczenie, przestymulowanie i potrzebę zwolnienia? Niestety nie. Nie słuchałam swojego organizmu, głowy. Czułam zmęczenie. Czułam, że daję z siebie 100 procent i nie zatrzymuję się ani na chwilę. Myślałam, że tak trzeba. Żeby coś osiągnąć, trzeba pracować bez wsłuchiwania się w swoją naturę.

Na szczęście zauważałam, że tutejsi ludzie prowadzili *slow life*. Nie gonili nigdzie. Wychodzili na lunch, na kawę, odpocząć w pobliskim parku. Znajdowali czas na rozmowę ze mną, traktowali mnie z szacunkiem i prawdziwą sympatią. **Zauważyłam wtedy, że nie muszę udawać kogoś, kim nie jestem, czy stresować się, że zostanę oceniona.** Od tego momentu zaczęłam nabierać odwagi i się przełamywać – być bardziej sobą niż do tej pory. To był początek mojej otwartości na świat.

Co jeszcze bardzo łączy się z emigracją?

To ona zweryfikowała wiele przyjaźni, które również miały bardzo duży wpływ na moje samopoczucie. Niestety, jeśli jakaś znajomość była dla mnie ważna, ale nie wytrzymała odległości – często wywoływała smutek i myśli, że to moja wina. Brałam to na siebie. Teraz jednak wiem, że wszystko dzieje się po coś i **nie warto brnąć w znajomości, które nie wnoszą nic dobrego do życia**.

Urlopy w Polsce również potrafią wykończyć energetycznie. Często trwają tylko tydzień, a liczba osób do odwiedzenia jest po prostu za duża, co powoduje ogromne przestymulowanie i zmęczenie. Z kolei odpuszczanie odwiedzin wiąże się z poczuciem winy. Próbuję sobie jednak to tłumaczyć tym, że telefon działa w dwie strony i tak samo może ktoś zadzwonić do nas – dbam tym samym o swoje uczucia. Nie jest to proste, bo jednak natura ma przewagę, ale uczę się być przede wszystkim dla siebie.

Podsumowanie informacji o mojej pracy i wyjeździe z punktu widzenia WWO

Najważniejsze informacje:

- *Cleaner* – praca przy sprzątaniu w UK.
- Domki, biura a teraz więzienie!
- Trzy minuty od domu co w przypadku większego miasta działa na plus. Praca znaleziona po urlopie macierzyńskim.

Czemu sprzątanie?

- Ponieważ byłam na obczyźnie, a język angielski na poziomie podstawowym wystarczył. Z czasem, gdy pracowałam z obcokrajowcami, nauczyłam się komunikatywnie władać angielskim.
- Praca kilka godzin dziennie.
- Sprzątanie ogólnodostępnych miejsc dla pracowników więzienia. Start o szóstej rano, kiedy jeszcze nie ma ludzi, później zaczyna się robić trochę tłoczniej i dochodzi więcej bodźców.

Co mi pasuje?

- Szacunek z jakim spotykam się jako zwykły pracownik jednego z niższych szczebli.
- Praca w pojedynkę lub w niewielkim zespole zgranych osób.
- Mimo braku perfekcyjnego języka praca OK, bo intuicyjnie wiadomo, jak sprzątać.
- Samodzielna organizacja czasu pracy, bez przysłowiowego bata nad sobą, bez presji czasu.

Co mi przeszkadza?

- Mimo że to „tylko" sprzątanie, bardzo obawiałam się, że pojawi się jakiś *complain*, skarga, że gdzieś nie zostało posprzątane.
- Praca w dużym zakładzie, gdzie ludzie mogą być różni. Jednak Szkoci okazali się bardzo mili, pomocni, przyjacielscy. Dzięki czemu nawiązały się przyjaźnie polsko-szkockie.
- Czasem, kiedy pojawiały się zgrzyty w teamie, robiło się nieciekawie. Biorę na siebie emocje innych, co sprawiało, że po pracy musiałam zrobić twardy reset głowy – minus pracy zespołowej.

Refleksje:

- Sprzątanie sprzątaniu nie równe.
- Można trafić do pracy w hotelu, gdzie jest gonitwa, żeby posprzątać jak największą liczbę pokoi. Plus duża grupa współpracowników, z którymi można złapać różny kontakt. A można też trafić na puste biuro z określonymi obowiązkami i dużym zapleczem czasowym.
- Emigracja dała mi też odwagę do zwiedzania świata oraz samej Szkocji, która okazała się piękną zieloną krainą – i tu wchodzi zachwyt naturą – tak ważną dla mnie wysoko wrażliwej. (Podróże, planowanie i jak sobie radzić z wysoko

wrażliwym dzieckiem – opisze w rozdziale
„Podróże małe i duże").

Wspomnę tu tylko, że jak sama widzisz, spełniam swoje
marzenia, realizuję się, inwestuję w siebie i nie mam przy
tym prestiżowego zawodu. Często same sobie umniejszamy i
obniżamy swoją wartość. Zarzucamy sobie, że mamy skoń-
czoną gorszą szkołę lub nie mamy dobrze płatnej pracy,
dlatego „coś" nam się nie należy. Nie czerpiemy z życia pełną
garścią, bo mamy w głowie przekonanie, że to nie jest dla
nas, bo „czegoś" nie posiadamy. Chcę Ci w tym miejscu
pokazać, że nie mieć a być jest tu ważne. **To jaka jesteś dla
siebie i innych, a nie status społeczny, czyni Cię czło-
wiekiem.**

Z całym przekonaniem obalam więc mit, że to szkoła lub
praca na „coś" nam nie pozwala.

Kiedyś nawet udzieliłam wywiadu osobie, która również
działa w social mediach i tworzy treści o wysokiej wrażliwości w sferze zawodowej. Nie miałam pewności, czy kogoś
zainteresuje, co miałam do powiedzenia o zawodzie sprzą-
taczki w UK. Jakież było moje zdziwienie, ile wspaniałych
komentarzy się tam pojawiło. Wartościowe tematy, wnioski i
przemyślenia.

Z miłości do siebie

Tak. Aby zacząć rozwijać siebie, musisz przede wszystkim zacząć lubić tę małą dziewczynkę, która w Tobie drzemie. To ze sobą spędzasz całe życie. To Ty znasz siebie najlepiej. To samej sobie zwierzasz się z radości i smutków. Niestety często przez kompleksy same zatracamy się w sobie. Tu za dużo a tam za mało. To robię źle. Tego nie potrafię. W tamtym inni są lepsi, a ja jestem za słaba. Halo! STOP! Czy siebie słyszysz kochana? **Jesteś najlepszą wersją siebie! Jesteś wspaniała i wyjątkowa.** Dlaczego nie dostrzegasz w sobie pozytywów? Dlaczego my kobiety z taką łatwością widzimy w sobie te gorsze rzeczy, a u innych dostrzegamy same pozytywy? Wyciągaj kartkę i pisz.

Moje mocne strony:

. . .

Jestem dobra w:

Jak nikt inny potrafię:

Pisz oczywiście to, co przychodzi Ci do głowy. Udzielaj takich odpowiedzi, które nasuwają Ci się intuicyjnie.

Właśnie, jak tam Twoja intuicja? Działa? Zagłuszasz ją, czy jej słuchasz?

Intuicja to ten głos w głowie, który podpowiada różne rzeczy – te z poziomu serca. A to, co przychodzi od serca, to rzecz najważniejsza. Wychodzi wtedy to, co najlepszego dla Ciebie chce Ci przekazać podświadomość. Później niestety do głosu dochodzi umysł... I on mąci.

„Daj spokój. Nie warto. Co powiedzą inni? To się nie uda".

I wtedy znowu mamy mieszane uczucia. Nie wiemy, co robić. Czegoś chcemy, ale się boimy.

Ucisz ten umysł. Napisz na kartce to, co podpowiada intuicja. Zanotuj swoje myśli, pytania i odpowiedzi, które przychodzą z serca, a umysł się wyciszy.

Wiem, że to może wydawać się śmieszne lub trudne. Naucz się to praktykować. Powoli. Powtórzę po raz kolejny – słowa pisane mają ogromną moc. A działanie intuicyjne podpowiada to, co jest najlepsze.

Byłam kiedyś na wspaniałym kursie, gdzie jeszcze lepiej poznałam techniki i narzędzia pomagające rozbudzać i ufać intuicji. Od tamtej pory moja świadomość wzrosła, a ja jeszcze bardziej zaczęłam wierzyć, że te porady mają sens.

Usłyszałam, że jestem ekspertem. Ja? Jak to? Po rozmowie i przemyśleniu stwierdzam, że tak jestem ekspertką oraz mentorką, ponieważ mam doświadczenie i swoją historię – a to jest najcenniejsze, co mogę Tobie dać.

A Ty albo już to w sobie odkryłaś, albo jesteś na najlepszej drodze do tego, aby w to uwierzyć. No bo zobacz:

Potrafisz gotować lepiej niż ktoś inny. Zrobisz super obiad z trzech składników. Ktoś przyjdzie do Ciebie po poradę, a Ty po wielu eksperymentach kulinarnych potrafisz bez problemu rzucać przepisami. Jesteś najlepsza w tej dziedzinie. Jest to Twoja pasja. Przeżyłaś wiele różnych sytuacji i umiesz dawać wskazówki dostosowane do okoliczności. Jesteś w tym ekspertem. Jesteś dobra w tym, co robisz. Uwierz w siebie!

Też miałam problem, żeby to zrozumieć. Mówiłam: „Nie, no nie mogę nazywać się mentorką zmian, ekspertem od czegoś, bo przecież nie mam »papierka«". Mimo że nie mam certyfikatu: „Jak napisać i wydać publikację", to zrobiłam to sama. Tak, od A do Z. Przeżyłam przygodę z napisaniem i wydaniem książki papierowej. Zdobyłam wiedzę i doświadczenie dzięki temu, że szukałam, pytałam. Znalazłam odpowiedzi i drogę jak to zrobić.

Dlatego teraz to do mnie przychodzą wspaniałe kobiety z pytaniem: „Angelika, jak? Pomóż, nakieruj, jak wydać książkę".

Tyle się dzieje w naszym życiu. **Więc działaj kochana, leć po marzenia, rozwijaj się.** Pamiętaj, że wszędzie potrzebny jest balans. Działanie i odpoczynek. Aby nie przegrzać siebie i nie wyczerpać baterii. **Polecam zatrzymać się** nie wtedy, kiedy organizm nie daje już rady, ale wtedy, kiedy pojawią się pierwsze oznaki mówiące: „**Halo! Potrzebuję odpoczynku**".

Nie bój się być pozytywną egoistką i stawiać siebie na pierwszym miejscu.

Zadanie dla Ciebie. Wymień trzy najważniejsze osoby w Twoim życiu:

   1.
   2.
   3.

Kogo wymieniłaś? Mamę, dzieci, przyjaciółki, męża?

A siebie, na którym miejscu postawiłaś?

To z pewnością temat do głębszych przemyśleń.

Trzymam za Ciebie kciuki!

Pasja do motywowania

Uwielbiam motywować i nieskromnie powiem, że mi to wychodzi. Wiem, jak ważna jest motywacja i jak łatwo ją tracimy. Pokazuję swoim przykładem, że jeśli się bardzo chce, to się da. Rozpalam tę iskrę. Jednak to nie jest tak, że ja nigdy jej nie tracę. Miewam chwile słabości, a także chwile zwątpienia w siebie – częściej niż może to się wydawać.

Co wtedy robię?

Szukam wsparcia i motywacji u innych ludzi, którzy są dla mnie autorytetami lub stanowią inspirację. Ważne jest to, aby mieć obok siebie kogoś, kto pomoże i poda pomocną dłoń. W moim otoczeniu są takie osoby, które zajmują się aktywnością fizyczną, rozwojem osobistym i samoakceptacją. Każda z nich wspiera mnie i napędza do działania wtedy, kiedy jest mi to potrzebne. Z wzajemnością oczywiście. Bo tę motywację dajemy sobie wzajemnie.

Sięgam po opinie na swój temat. W moim działaniu (podczas warsztatów oraz w sprawie książki) niesamowicie ważny jest dla mnie feedback. To informacja pokazująca, co jeszcze mogę ulepszyć, zmienić czy dodać. W chwilach słabości sięgam do tych opinii i przypominam sobie, że ktoś dał mi tak dobre słowo z jakiegoś konkretnego powodu. Polecam Ci robić tak samo. Jeśli w swojej pracy miewasz chwile zwątpienia, wróć do zadań, które dają Ci poczucie, że dobrze wykonujesz swoje obowiązki. Zawsze powtarzam, że powinniśmy dzielić się tym, co myślimy. Warto okazywać szacunek i doceniać czyjeś działania, ponieważ będzie to niesamowicie ważne dla tej osoby.

Najlepszą motywacją są efekty, które osiągamy. One nas napędzają i dają siłę do działania, zwłaszcza jeśli widzimy, że energia włożona w pracę przekłada się na rezultaty. Po raz kolejny powiem, że możemy to przełożyć na każdą płaszczyznę życia.

Aktywność fizyczna? Odchudzanie? Poprawa zdrowia i naszej sprawności? Niesamowicie działa tu motywator w postaci widocznych postępów i osiągniętych efektów.

Macierzyństwo? Zauważamy, jak nasze dzieci się rozwijają, uczą – napędza nas duma i chęć do działania, bo widzimy, co przynosi poświęcony czas i wpajanie wartości.

To właśnie po wydaniu pierwszej książki postanowiłam iść dalej i zaczęłam prowadzić warsztaty tematyczne. Opinie, osiągane efekty oraz osoby, które mi zaufały, były dla mnie najlepszą motywacją do samodoskonalenia i puszczania tego dalej w świat.

Warsztaty odbywały się w klimatycznej grupie. Poruszałam na nich tematy życiowe, które zmuszają, by się na chwilę zatrzymać i przewartościować życie. Mówiłam i słuchałam innych. Wymiany doświadczeń i innych punktów widzenia dawały uczestniczkom solidnego kopniaka i napawały dobrą energią do działania.

———

Kiedy przeszłam na urlop macierzyński, dwa miesiące przed pojawieniem się mojego synka na świecie, byłam już bardzo zaprzyjaźniona ze sobą i z każdego dnia brałam, ile się dało. Nie potrafiłam leżeć cały czas na kanapie, szukałam sobie wyzwań. Pewnego dnia jak grom z jasnego nieba przyszedł do mnie pomysł. Często jest tak, że coś do mnie przyjdzie i mnie woła. Podobno ludzie sukcesu mają tak, że od razu działają, ja też jestem w gorącej wodzie kąpana i od razu ogłosiłam:

– Kochane dziewczyny, rozpoczynam wywiady! Projekt dla kobiet. Szukam chętnych osób.

Cykl rozmów

• Kobiety z pasją

Ponieważ wiedziałam, jak ważne jest w życiu to, by mieć pasję, więc podjęłam decyzję, aby tym wywiadom nadać tytuł „Kobiety z pasją".

Jest to cykl rozmów z kobietami, które podczas transmisji na Instagramie opowiadały o swoich pasjach, przebytej drodze, o wyciągniętej życiowej nauce i wartościach, które dają innym ludziom.

Skąd pomysł na to? Bo sama byłam kiedyś bez pasji. Szukałam czegoś, co by mnie zainteresowało. Bardzo chciałam mieć coś, w czym będę dobra. Dlatego, kiedy głos intuicji podpowiedział mi właśnie ten temat, od razu zaczęłam szukać kandydatek.

Przeprowadziłam rozmowy na tematy pasji do: życia, biegania, zdrowia, intuicji, uszczęśliwiania innych poprzez tworzenie biżuterii z intencją i warsztatów dla kobiet.

Każda osoba to historia pokazująca, że mimo różnic jesteśmy podobne i chcemy od życia czegoś dla siebie. Cudownie było słuchać opowiadań o tym, jak te pasje się rodziły, co zmieniły w życiu i jaką wartość mu nadały. Wspólnym mianownikiem wszystkich rozmów jest to, że każda z tych wspaniałych istot długo szukała, błądziła po życiowych ścieżkach, próbowała różnych dróg, aby znaleźć tę właściwą pasję, która dawała radość i spełnienie.

Wiele pań wspominało też, że w życiu spotykał ich kryzys, który pomógł odnaleźć pasję i wkroczyć na drogę do wartościowego i szczęśliwego życia. W pewnym stopniu to przysłowiowe dotknięcie dna powoduje, że albo się odbijemy i pójdziemy ku marzeniom oraz odmienimy swoje życie, albo zostaniemy tam na dole. **To wszystko jest w naszych rękach.**

Mogę powiedzieć, że moją pasją jest kręcenie hula-hoop, ogólnie aktywność fizyczna i teraz pisanie, bo w ten sposób mogę wyrazić siebie i swoje myśli.

Bardzo kocham podróże. Mogą być dalekie i całkiem bliskie. Poznawanie tego, co nas otacza, bardzo wciąga. Z każdej podroży wracają z nami magnesy. Ciekawe historie. Tak to zdecydowanie moja pasja.

Fotografia. Uwielbiam. Czy w trakcie kupowania telefonu wybierałam taki z bardzo dobrym aparatem? Być może. Kupiłam nawet kurs, aby znać się na tym jeszcze lepiej. Tak. Można się w tym zakochać.

- Kobiety na emigracji

Kolejną tematyką, którą poruszam, jest emigracja. Są to rozmowy o powodach, które skłoniły do przeprowadzki na obczyznę. Komfort życia, inna kultura, różnice i podobieństwa. Tęsknoty i tego, czego uczy życie w nie swoim kraju. To piękne jest móc słuchać tych opowieści. Z każdej historii można wyciągnąć coś dla siebie. Kolejny raz doświadczamy też tego, jak różne jesteśmy i jaką odwagę oraz siłę w sobie mamy.

Takie rozmowy cieszą się ogromną popularnością. Lubimy słuchać historii innych i wyciągać coś dla siebie. Najpiękniejsze w nich jest to, że tam nie ma reżyserowania i scenariusza. Jest zarysowany jakiś temat, przykładowe pytania, ale zawsze działamy z energią. Pojawiają się pytania od uczestników, rozmówczyni opowie historię, o której chcemy wiedzieć znacznie więcej i to jest cudowne. Nie trzymamy się schematu. Autentyczność i prawdziwość przede wszystkim.

Tu jeszcze chciałabym dodać zdanie, które kiedyś usłyszałam. „Pamiętajmy, że to my otwieramy się na tyle, na ile same pozwolimy". Pokazujemy siebie na tyle, na ile jesteśmy gotowe dać się poznać danej osobie. I to nie świadczy, że coś zatajamy czy koloryzujemy. Dla jednych ludzi jesteśmy otwarte i mówimy wiele, poruszamy tematy bliskie sercu, potrafimy rozmawiać o problemach. Dla innych zaś jesteśmy zamknięte, bo nie chcemy mówić o tym, co mamy w sobie. I to jest OK. Działanie w social mediach i pokazywanie wielu życiowych sytuacji są jakąś częścią całości (tak jak przytoczone w tej książce historie) – nie wszystkim. Wiele momentów oraz przemyśleń zostawiamy dla siebie.

- Wysoka wrażliwość

Wcześniejsze projekty, które opisałam, były moje. To ja byłam gospodarzem. Energia płynie i ja również jestem zapraszana do wywiadów, rozmów na temat wrażliwości. Jest to tematyka, która ciekawi ludzi. Piękna jest ta świadomość i chęć poznawania tego, jak żyć z ludźmi wrażliwymi. Nie żeby WWO byli inni, ale dzięki tej edukacji łatwiej dostrzegać i rozumieć ich potrzeby. **Uważam jednak, że takie porady przydadzą się każdej kobiecie. Nie tylko tej, co czuje mocniej.** Poza tym takie wywiady i pogadanki pomagają dotrzeć do innych odbiorców. Do ludzi, którzy potrzebują nas w danym momencie swojego życia.

———

Cudowne jest to, jak internet i wszelkie platformy łączą ludzi. Dzięki takim rozmowom można na żywo zadać pytanie i uzyskać wszelkie informacje. Rozwija się wartościowa dyskusja. Można założyć słuchawki i robić przy tym swoje zadania. Potraktować jako podcast. Nie wymaga to od nas wylegiwania się na kanapie z popcornem.

Do popcornu i serialu nic nie mam 😊

Muszę tylko powiedzieć, że od kiedy wyłączyłam się ze wszelkich telewizyjnych faktów i wiadomości, które zalewają nas wieloma negatywnymi informacjami – gdzie serca pęka, a krew się gotuje – i przeszłam na słuchanie wywiadów, podcastów czy oglądanie youtubowych twórców, żyje mi się pozytywniej.

Mapa marzeń

Stwórz ze mną swoją mapę marzeń.

Co to są marzenia? To myśli o tym, co sprawia, że na sercu robi się cieplej. To cel. Do nas należy działanie – małe kroki.

Życie bez marzeń jest smutne i bez celu. Nawet najmniejsze marzenie sprawia, że chce nam się działać. A działanie jest wspaniałą drogą.

Nie twórz mapy marzeń w głowie. Stwórz ją fizycznie. Słowa pisane mają niezwykłą moc.

Weź kartkę i zapisz tytuł: Moja Mapa Marzeń.

Rysuj. Naklejaj obrazki. Zapisuj słowa. Przedstawiaj marzenia w taki sposób, jaki chcesz i który jest Ci bliski.

Wakacje – narysuj palmy. Nowe auto? Wytnij z gazety samochód w wymarzonym kolorze i wrzuć na kartkę.

Dom? Proszę bardzo. Pamiętaj o dużym zielonym ogrodzie 😊

To przykłady. To Twoja wizualizacja. To Ty kreujesz swoje życie. Zobrazuj je. Na kolorowo. A później zostaw mapę w miejscu, w którym czujesz, że powinna być. Chcesz powiesić ją tam, gdzie będzie zawsze widoczna? Super. Wolisz jednak trzymać ją dla siebie? Pamiętnik jest do tego idealnym miejscem.

Mapa stworzona? I co dalej?

Na pewno nie możesz biernie czekać. Oj nie, kochana.

Tu trzeba działać. Marzenia się nie spełniają – marzenia się spełnia!

Pierwszy krok wykonany. Teraz niech Wszechświat pomaga Ci i podsyła sytuacje oraz ludzi, o jakich marzysz.

Afirmuj i głęboko w to wierz!

Z pamiętnika wysoko wrażliwej mamy

Mamą być – to cudowne doświadczenie. Przynajmniej dla mnie. Zarazem jest to jednak bardzo trudne. Kiedy weszłam w temat rozwoju osobistego i samoakceptacji, zrozumiałam, jak często mamy zatracają się w nowej roli i zapominają, że są przede wszystkim kobietami. A kobieta potrzebuje odpoczynku, czasu dla siebie, relaksu, pasji, spotkań z dorosłymi ludźmi. Ja również jestem osobą, która miała życie przed macierzyństwem i wiem, że ulega ono przewartościowaniu, gdy rodzi się dziecko.

Jestem mamą wysoko wrażliwą, co oznacza, że czuję więcej i intensywniej. Potrzebuję więc przestrzeni i czasu dla siebie, aby nie zwariować i czerpać radość z życia.

Mam dziecko, które tak jak ja jest wysoko wrażliwe. Odczuwa mocniej, reaguje silniej i potrzebuje większego zrozumienia w tym szalonym świecie. Muszę otoczyć opieką nas dwie. Stawiać czoła światu i ludziom, którym to pojęcie nie jest znane. **Wysoka wrażliwość to zespół cech,**

do których trzeba podejść z wyrozumiałością i akceptacją.

Niezrozumienie tego oraz postępowanie według złych przekonań często prowadzi do kryzysów macierzyńskich, depresji czy nawet przemocy. Moim zdaniem dzieje się tak dlatego, że sfera psychologicznej pomocy jest czymś, co wydaje się wstydliwe. Na szczęście kobiety coraz częściej, świadomiej i odważniej udają się po pomoc do psychologa i dzięki temu ich macierzyństwo staje się łatwiejsze i bardziej zrozumiałe.

Mówi się, że ludzie z naszego pokolenia stają się inni, niż byli nasi rodzice. Rodzicielstwo, gdzie priorytetem jest bliskość bez przemocy i całkowite zrozumienie, daje szanse wysoko wrażliwym.

Nie bójmy się prosić o pomoc. Pozwalajmy sobie na mówienie, że macierzyństwo to nie tylko słodkie różowe ubranka. **Pozwalajmy sobie na łzy. Prośmy o pomoc, kiedy czujemy, że jest ona potrzebna.** Dawajmy sobie czas na odpoczynek – oczekujmy wsparcia od naszego partnera. Pozwalajmy mu być 100-procentowym tatą – nie krytykujmy, że robi coś źle. Dla dzieci tata, który spędza czas, bawi się, przygotowuje posiłki, wychodzi na spacer, jest supertatą. Nie ograniczajmy roli mężczyzny tylko do przynoszenia pieniędzy. W tym czasie, kiedy tata zajmuje się dziećmi, my zadbajmy o siebie i swoje zdrowie psychiczne. Stawiajmy granice ciociom dobrym radom – nieproszone potrafią nas zniszczyć, spowodować spadek poczucia własnej wartości. Co w rezultacie u osób wysoko wrażliwych wywołuje negatywne konsekwencje takie jak: złe samopoczucie i głębsze analizowanie sytuacji.

. . .

Z racji tego, że to historie z pamiętnika chciałabym przedstawić różne sytuacje i pokazać moje doświadczenia. Może znajdziesz w nich cząstkę siebie.

Pierwsze trudności

Znasz typ dziecka „High need baby"? W tłumaczeniu to szczególnie wymagające dziecko. Takie dziecko, które cały czas „wisi" na Tobie i potrzebuje ogromnej bliskości.

Ty jako mama bez doświadczenia nie wiesz, o co chodzi?

W wielu poradnikach piszą, że noworodek przesypia większość dnia, pije i je. A co, jeśli trafi się „egzemplarz", o którym młoda mama nie przeczyta w poradniku? No właśnie nam się trafił. To było jak zderzenie z murem. Pamiętam powrót do domu ze szpitala – byłam bardzo zmęczona, bo nie spałam kilkanaście godzin. Marzyłam, żeby się położyć, jednak było to ogromnie trudne, ponieważ mały ssak od wielu godzin rozkręcał laktacje, a próby odłożenia go do łóżeczka kończyły się wrzaskiem. Dziecko spało na moim brzuchu, a ja odsypiałam razem z nim. Mąż czuwał cały czas przy nas i pilnował naszego bezpieczeństwa. I tak, aby chociaż trochę się wyspać, przez kilka tygodni dziecko spało na maminej piersi. W ciągu dnia z wybawieniem przychodziły spacery – łóżeczko parzyło. Gdy tylko się oddalałam, dziecko budziło się i na nowo trzeba było kołysać. Miałam dość. Zmęczenie, niewiedza, niezrozumienie, dlaczego tak jest. Szukałam odpowiedzi na forach i u innych mam, pytałam położnych.

Słyszałam, że trzeba tulić, być blisko i że to minie. Zanim minęło, to już wtedy czułam, jak bardzo wiele będę musiała się nauczyć. Ręce bolały mnie od noszenia. Codzienne czynności domowe odpuszczałam, bo kiedy byłam sama w domu, nie było szans na sprzątanie czy gotowanie. Córka spała na spacerach zdecydowanie lepiej, ale ile można chodzić po mroźnym i wietrznym dworze. O powrocie do domu i pozostawieniu w wózku nie było mowy, ponieważ po spacerze trzeba było zdjąć kombinezon i dziecko było już wyspane.

Tak jak wspomniałam, dziecko wymagające rozkręcało laktacje, czyli wisiało na maminej piersi cały czas. Z pomocą przychodził smoczek, jednak nie zawsze dało się nim oszukać. Śmiałam się przez łzy, że karmić to chyba będę do osiemnastki. Karmiłam dwa lata, a mimo to piersi okazały się laktatoroodporne. Serio, nie szło nic. Próby podania butelki po szóstym miesiącu niestety kończyły się klęską. Dziecko nigdy nie piło z butelki. Z perspektywy czasu i nabytej wiedzy oraz większej świadomości wiem, że maleństwo po prostu potrzebowało bliskości i bezpieczeństwa. Jednak wtedy nie wiedziałam o czymś takim, przez co – szczerze przyznaję – psychicznie wysiadałam.

Dziecko było nadwrażliwe na materiały. Metki drażniły, a w późniejszym wieku na sam ich widok był krzyk i musiałam je odcinać. Córka podczas krzyku i płaczu miała bardzo donośny głos, więc ja wtedy jeszcze szybciej oraz z większym stresem próbowałam gasić pożar. Mimo mojego ciągłego bycia na posterunku miałam wrażenie, że dziecko jest niezadowolone. Mało spało, krzyczało, a dla mnie stawało się to coraz bardziej frustrujące, ponieważ nie było możliwości wyjścia i przewietrzenia głowy. Więc spędzałam w tym domu dzień i noc.

Dobrze że miałam wtedy koleżankę, która rozumiała sytuację. Miałyśmy takie same córki. Mogłyśmy dzielić się emocjami, poradami i wspierać się w tych początkach. Tak naprawdę, jeśli ktoś nie miał w domu takiego „hajnida", nie potrafi sobie wyobrazić nieśpiącego niemowlaka. Zdecydowanie czwarty trymestr był trudnym doświadczeniem.

Skoki rozwojowe

Nigdy wcześniej nie słyszałam o takim etapie. To ten czas, kiedy na chwilę przed zdobyciem przez dziecko pewnej umiejętności, staje się ono niespokojne, płaczliwe, rozdrażnione i nie śpi. Ponownie dopadało nas wyczerpanie, ale staraliśmy się zdobyć jak najwięcej wiedzy i pomóc temu bezbronnemu dziecku ogarnąć świat. O skokach rozwojowych również dowiedziałam się na grupie dla mam. W internecie wyszukiwałam informacje, kiedy mniej więcej występują i nastawiałam się na ten wymagający czas. Często córka budziła się z przeraźliwym płaczem, który trzeba było utulić.

Bardzo cieszyły mnie wszystkie umiejętności nabywane przez moją pociechę – pierwsze uśmiechy, pierwsze gaworzenie itp. Radość była ogromna, bo widziałam jak pięknie i książkowo rozwija się moje dziecko. Ogromny stres, który dopadał mnie jako mamę, (i na pewno większość mam tak ma) dotyczył tego, czy moje dziecko dobrze się rozwija. Zdobywałam wiedzę na temat tego, kiedy moje dziecko powinno siadać, raczkować itp. Wiemy, że jeśli chodzi o taki rozwój, są widełki czasowe. Każdy malec rozwija się w swoim indywidualnym tempie, ale niech pierwsza z nas rzuci kamieniem, która mimo tej świadomości nie porównywała swojego dziecka z innym. Sama tak robiłam. Rozum jednak podpowiadał, że nie ma co porównywać.

Tłumaczyłam sobie to w ten sposób, że dziecko to mały człowiek, a wychodzę z założenia, że dorosłych ludzi się do siebie nie porównuje. Popatrz, jedna z nas ma blond włosy, jest szczupła i lubi sport, a z kolei inna osoba ma większą wagę i zamiast uprawiać sport, interesuje się sztuką malarską. Brzmi OK? No właśnie i z dziećmi jest tak samo. Oczywiście, zawsze należy słuchać swojej intuicji i w razie wszelkich wątpliwości skonsultować się ze specjalistą, jednak nie wolno popadać przy tym w nadmierną przesadę. Być może wyolbrzymiałam niepotrzebnie wiele sytuacji.

Rozkapryszone? Rozpieszczone?

Niekoniecznie. Może odczuwać więcej, mocniej. Wysoka wrażliwość jest dziedziczna. Dziecko jest bardziej empatyczne niż rówieśnicy, szybciej staje się przestymulowane. Może dostrzegać subtelne zmiany w wyglądzie, pomieszczeniu itp. Ma intuicje i jak na swój wiek zadaje mądre pytania. Czasem jest ciche i nieśmiałe, kreuje swój własny świat, ale jeśli nie radzi sobie z emocjami, to może wybuchać złością, płaczem i krzykiem.

Co, jeśli dowiesz się, że dziecko jest wysoko wrażliwe? Być może poczujesz ulgę, że to nie Twoje złe wychowanie, tylko taka jego natura.

Jak żyć z takim dzieckiem?

Totalna akceptacja. Pozwolenie na bycie sobą i niewymuszanie zmian osobowości – takie zachowanie będzie mieć ogromny wpływ na jego dorosłość. Uczyć ogarniać emocje, rozmawiać o nadchodzących zmianach. Dawać poczucie bezpieczeństwa. Pozwalać na wyciszenie. Kochać i cieszyć się, bo prawidłowo wykorzystana wrażliwość zarówno dziecka, jak i osoby dorosłej może okazać się darem. 🖤

Nasza codzienność

W takich ciężkich momentach zrozumiałam, jak ważna w ciągu dnia jest rutyna. Dla mnie okazała się zbawienna. Wszystko ułożone w głowie tak, by wiedzieć, co czeka nas w ciągu dnia. Był czas na spacer, zabawy, zakupy i sen. Zdecydowanie polecam ustalić sobie taką rutynę według swoich preferencji. Kiedy zauważyłam, że ta powtarzalność ma sens? Wtedy, gdy coś się waliło i psuło nasz idealny dzień. Niespodziewane wyjście czy odwiedziny w czasie, kiedy mieliśmy już coś zaplanowane. Pewnie nie tyle dziecko – o którym się mówi, że potrzebuje tej bezpiecznej rutyny – ile mnie to rozwalało.

Żyliśmy z mężem w obcym kraju, bez rodziny i wielu przyjaciół, których mamy w naszym rodzinnym mieście, więc musieliśmy pogodzić opiekę nad dzieckiem z pracą na pełen etat. Dzieliliśmy się obowiązkami rodzicielskimi i zawodowymi w taki sposób, że w tygodniu spędzaliśmy mało czasu ze sobą, ponieważ ja pracowałam na zmianę ranną a mąż popołudniową. Na opiekunkę niestety nie było nas stać, z kolei pójście córki do żłobka było bez sensu. Jesteśmy osobami, które bardzo cenią sobie aktywny wypoczynek, podróże i wyjścia do restauracji. Zawsze i wszędzie chodziliśmy we trójkę. Nieraz bywało ciężko. Jednak dobra organizacja oraz zaakceptowanie sytuacji było jedynym rozwiązaniem. Gorzej, kiedy zdrowie szwankowało. No bo jak zajmować się dzieckiem, kiedy dopadnie Cię ogromna migrena czy grypa, a druga połówka jest w pracy. Jak wtedy wyglądały dni? Nie było siły na zabawę czy wyjście na spacer. Mama była, ale tak jakby jej nie było. Jednak dawałam z siebie naprawdę tak dużo, jak tylko mogłam. Starałam się zadbać o bezpieczeństwo – tylko tyle i aż tyle.

Co mnie ogromnie zaskoczyło na plus w Szkocji, to osiedlowe spotkania, w których brały udział mamy wraz ze swoimi dziećmi. Darmowe lub za drobną opłatą na przekąski i kawę. To wspaniała możliwość wyjścia z domu do ludzi. Dzięki takim spotkaniom poznałam wiele osób, z którymi nawiązałam bliskie znajomości. Jednak dla mnie te wyjścia również były czymś trudnym. Wizyty w zatłoczonym, nieznanym miejscu nie należały do łatwych. Lilka potrzebowała czasu, żeby oswoić swoją nieśmiałość.

Bywało i tak, że mimo mojego wsparcia i zrozumienia, Lilka podczas spotkań nie nabierała odwagi. Coś jej nie pasowało. Ja traciłam cierpliwość, bo pomimo ogromu starań nie szło. Wracała frustracja, zniechęcenie, poczucie klęski wychowawczej. Chciało mi się płakać i krzyczeć jednocześnie. Dlaczego? Odpowiedzi szukałam w sobie i swoim zachowaniu. Dlaczego czasami nie czuję się dobrze w otoczeniu jakichś osób? Przecież my dorośli też nie zawsze darzymy sympatią każdego napotkanego człowieka. Co wtedy robimy? Nie nawiązujemy kontaktu. Ja czasami nawet chcę uciec. Czy zdarzyło mi się wymyślić coś na szybko, aby zakończyć spotkanie? Tak. Energia tych osób. Poczucie, że nie należę do ich świata. Coś musiało na mnie wpłynąć i się zadziać. Bratnie dusze wyczuwam łatwo.

W wieku trzech lat nasza córka zaczęła przedszkole. Wiedzieliśmy, że jako wysoko wrażliwa oraz wtedy nieśmiała i nie znająca języka angielskiego osoba będzie miała trudność w zaaklimatyzowaniu się. Na pewno mocno przeżywałam to ja. Napływały myśli, jak poradzi sobie w dużej grupie. Jednak maluchy szybko się uczą, a wsparcie przedszkolanek i ich doświadczenie w opiece nad dziećmi bez umiejętności językowych było wspaniałe. Nie było problemów z chodzeniem do przedszkola, co sprawiało mi ogromną radość. Szczerze mogę przyznać, że moja panika była na wyrost. Człowiek, który sam jest introwertykiem, cały czas widzi siebie w takich sytuacjach.

Każde pójście do przedszkola bardzo przeżywałam. Bałam się, jak moja córka odnajdzie się po pierwsze tyle godzin bez rodziców, po drugie w zupełnie nowym miejscu z ludźmi mówiącymi w innym języku. Zastanawiałam się, jak odnajdzie się wśród dzieci. Moje dziecko poradziło sobie super. Z opowieści nauczycielek wiem, że Lilka jest dzieckiem, które więcej czasu spędzało z nauczycielem niż z innymi dziećmi. Chodziła z nauczycielką i dzięki temu, że ona ją rozumiała, to nie zostawiała jej, tylko zachęcała i małymi krokami prowadziła przez okres przedszkola. Uczyła kontaktu z innymi dziećmi. Należy też wspomnieć, że nie było to nic na siłę, nie było zmuszania, nie było rzucania na głęboką wodę. To po prostu szło małymi krokami i Lilka stawała się coraz pewniejsza siebie. Dla niej była bardzo ważna rutyna. Nie lubiła zabaw w dużych grupach, zdecydowanie lepiej czuła się w mniejszym gronie na przykład do pięciu osób. Codziennie była w przedszkolu ustalona rutyna zabaw, posiłków, która również zapewniała bezpieczeństwo mojej wysoko wrażliwej i coraz odważniejszej córce.

Pamiętam sytuację, kiedy wybieraliśmy szkołę dla córki i musiała być to nie ta przy przedszkolu, tylko zupełnie inna.

W innym miejscu, z innymi dziećmi – najbardziej przeżywałam to ja. Wybranie tej szkoły i w ogóle myśl, że moje dziecko pójdzie do innej placówki, że na nowo będzie musiało poznawać panie nauczycielki, miejsce i dzieci, stały się dla mnie koszmarem. Nie potrafiłam sobie z tym poradzić. Cały czas analizowałam i myślałam o tym, jak to będzie i jak w ogóle na ten temat rozmawiać z córką. Była to dla mnie jedna z trudniejszych sytuacji, jeśli chodzi o edukacje. Wtedy właśnie dała o sobie znać cecha wysokiej wrażliwości, czyli analizowanie sytuacji i głębsze myślenie.

Przyszedł czas na rozmowę z moim dzieckiem. Wytłumaczenie, że nie będzie chodziła do szkoły w tym miejscu, gdzie teraz, z tymi samymi dziećmi. Zazwyczaj przed stresującymi sytuacjami jak wizyta u lekarza, wyjazd itp. staramy się przygotować córkę przez rozmowę, tłumaczenie. Przyjęła to łagodnie. Pocieszam się faktem, że nauczycielki w Szkocji są naprawdę miłe i pomocne. Aklimatyzacja w placówkach przebiega w spokojnej atmosferze i liczy się spokój psychiczny dziecka.

Jak to w każdym przedszkolu bywały również występy dzieci przed rodzicami. Na szczęście to takie zespołowe śpiewanki, więc nie było tutaj samodzielnego występu przed całą publicznością. W takich sytuacjach moja córka była skromna, cicha i nieśmiała. Czuła pewnie na sobie wzrok wszystkich rodziców, więc siedziała i tylko trochę śpiewała. Było widać, że nie czuje się z tym komfortowo. Na początku zastanawiałam się, dlaczego ona taka jest, dlaczego nie jest taka jak inne dzieci i wtedy przyszło do mojej głowy uderzenie. Jakiś głos powiedział: **„Stop, nie oceniaj, nie porównuj. Tego nie zmienisz. Zaakceptuj i nie bądź zła"**. Jeśli będę mówić dziecku: „Dlaczego Ty nie bawisz się tak jak inne dzieci?", to jeszcze bardziej zamknie się w sobie. Postanowiłam, że nie będę doprowadzać do takich sytuacji.

Ogromną radością było to, jak chwilę przed zakończeniem przedszkola odbył się dzień sportowy. Wciąż miałam w pamięci, jak wyglądało to rok temu, jak córka po prostu nie chciała w nim uczestniczyć, wstydziła się. My jako rodzice musieliśmy wykazać się dużym zrozumieniem i cierpliwością, niestety nie było to łatwe. Ale tym razem ogromnie nas zaskoczyła. Byliśmy bardzo zdziwieni, ponieważ nie potrzebowała już naszej pomocy. Świetnie się bawiła, czyli nabrała ogromnej odwagi i pewności siebie, a my mogliśmy podziwiać jej wyczyny sportowe.

Na zakończenie przedszkola córka z wielką dumą odebrała przed całą klasą swój dyplom. Był to dla mnie ogromnie wzruszający moment. Po pierwsze, że kończył się jakiś etap w naszym życiu, a po drugie to, że się odważyła. Nie spanikowała i z taką energią wyszła na środek. Poczułam wdzięczność. Widziałam, jak dobrą robotę zrobiły nauczycielki. Powiedzieliśmy, że jesteśmy z niej bardzo dumni.

Bardzo ważne jest wspieranie swojego dziecka właśnie poprzez mówienie:

- „Jestem z Ciebie dumna";
- „Gratuluję Ci, było świetnie".

Daje to dziecku wielką odwagę, dzięki czemu nabiera ono większej pewności siebie.

Nowy członek rodziny

Rodzinny wyjazd nad morze. Plaża, piasek i szum fal.

– Robert, to ten dzień, aby jej powiedzieć.

Zwróciłam się do córki:

– Córeczko, w moim brzuszku jest dzidzia.

– Nie żartujesz?

– Nie, kochanie. Na razie jest w małej bańce. Taka mała fasolka.

Pojawiły się pytania: „Fasolka? Jak się tam dostała? A czemu fasolka? Kiedy będzie z nami?".

Pierwsze USG. Duży ekran na ścianie, gdzie widzimy maleństwo. Spoglądam na Lilkę, która nie ogląda, tylko wtula się w tatę. Widzę jej wzrok na mnie i nietęgą minę. Aha – stresuje się, jest nieśmiała, nie wie, co ma myśleć.

Wiem, że muszę dużo z nią rozmawiać, bo pojawiło się pytanie naszej czterolatki, czy jak pojawi się dziecko, to będziemy nadal ją tak samo kochać.

Kolejne spotkanie u lekarza, gdzie mamy poznać płeć dziecka.

– Mamo, ja rozmawiałam z dzidzią i to jest chłopiec.

– Aha. OK, zobaczymy dzisiaj.

No tak na ekranie doskonale widać: *IT'S A BOY!!!*

Skąd ona wiedziała? Nie mam pojęcia. Przypadek? Halo, mamo, Ty nie wierzysz w przypadki.

Należy wspomnieć, że osoby wysoko wrażliwe mają wyjątkowe połączenie z własną intuicją. Pamiętam, jak ja byłam w wieku szkolnym i kierował mną właśnie ten szósty zmysł. Niestety zagłuszałam go, ponieważ czułam, że wśród rówieśników było to „inne". Rzadko osoby bardzo młode mają świadomość intuicji, a w szkole nie uczono tak ważnych rzeczy, jak słuchanie siebie i tego, co podpowiada serce.

Całą ciążę czułam się rewelacyjnie, kwitnąco z pozytywną energią. Medytowałam, chodziłam na spacery, ćwiczyłam jogę.

Napisałam książkę – niesamowita kreatywność się we mnie obudziła.

Przygotowania siebie i dziecka do pojawienia się maleństwa na świecie

Dziewięć miesięcy troszkę mi się dłużyło. Zupełnie inaczej odczuwałam dolegliwości. Bardziej świadomie. Skurcze przepowiadające czułam kilka tygodni. Poród się zbliżał, a ja zaczynałam się martwić i przeżywać, co będzie wtedy z moją Lilką. Intuicja mówiła, że będzie dobrze, jednak bardzo się bałam. Tworzyłam w głowie różne scenariusze. We wszystkich jednak widziałam, że nocowanie w tym czasie u obcych osób nie jest najlepszym rozwiązaniem. Oczywiście, rozmawialiśmy o tym i uprzedzaliśmy, że może być tak, że Lilka będzie musiała u kogoś być. Wybraliśmy dzieci, z którymi córka czuje się dobrze i zawsze powtarzaliśmy, że może być tak, że z przedszkola odbierze ją ktoś inny, ale tata pojawi się najszybciej, jak się da.

Nadszedł wielki dzień. Czułam z rana, że to może być ten dzień. Zaczęło się, kiedy byłyśmy same w domu.

– Mamo trzęsą mi się nogi – usłyszałam.

Do szpitala pojechałam rodzić z przyjaciółką, a mąż odebrał córkę od znajomych.

Poród bardzo świadomy i szybki. Naturalny. Idealny.

Następnego dnia Lilka pojawiła się w szpitalu z tatą. Chwilę przed poznaniem brata się wycofała. Zdenerwowała. Stała tyłem i była spięta. Co zrobiłam? Przytuliłam i opowiadałam: „Maluszek jest mały. Ma śliczne małe rączki. Dużo śpi. Ma dużo włosków. Chciałabyś go zobaczyć?". Jak już podeszła, to się przyglądała i już było dobrze.

Pierwsze tygodnie nie były łatwe. Kiedy Alex płakał i wymagał naszej uwagi, to w tym samym czasie Lilka również płakała – zwracała tym samym uwagę na siebie.

W czasie, kiedy ja oddałam się maleństwu, to tata był osobą, której Lilka potrzebowała. Starałam się wychodzić sama z córką, chociażby do przedszkola, abyśmy mogły spędzić ten czas same. Nasz kontakt stał się słabszy – czułam to. Nowa sytuacja nie była łatwa. Lilka często dla brata też nie była zbyt dobra – mimo że z mężem wyobrażaliśmy sobie to zupełnie inaczej, że będzie troskliwa i zakochana. To była jej ochrona. Być złośliwą i pokazać nam: „Ja tu jestem i potrzebuję waszej uwagi!".

Po dwóch i pół miesiąca sytuacja zaczęła się normalizować. Kiedyś Lilka powiedziała do mnie:

– Mamo, a pamiętasz, jak Alex się urodził, jak on ładnie pachniał?

– Pamiętam kochanie.

Nasze więzi wróciły do normalności. Byłam znowu kochaną mamą.

Po pięciu latach, kiedy brat pojawił się na świecie, Lilka dojrzała do tego, aby sama być w pokoju. To był dla niej kolejny krok do samodzielności.

Obie bardzo przeżywamy różne sytuacje. Czasem mi się wydaje, że to ja bardziej obawiam się tego, jak ona zareaguje, czy będzie się dobrze czuć w danej sytuacji. Na pewno też podświadomie przeżywam za mnie i za nią.

Teraz zdałam sobie sprawę, że temat parentingowy nie ma końca. Każdego dnia nowe wyzwania. Problemy. Radości. Potrzebujemy i szukamy osób, które możemy podglądać w pozytywnym tego słowa znaczeniu. Myślę więc, że w tym miejscu mogę zaprosić do śledzenia mojej codzienności na YouTubie oraz Instagramie. Znajdziecie tam filmy opowiadające o życiu w Szkocji. Lubię w social mediach to, że jest możliwa akcja-reakcja, czego w książce nie ma, przez co w Twojej głowie może powstać pewien niedosyt treści, chęć przeczytania więcej.

Podróże małe i duże

Z racji tego, że mieszkamy za granicą, kilka razy do roku latamy do Polski – do rodziny.

W trakcie wyjazdów dociera do mnie dużo bodźców z zewnątrz. Moja głowa czasem nie nadąża za tym, co się dzieje. W każdym nowym miejscu zawsze staram się najpierw zaaklimatyzować. Dopiero na drugi dzień wychodzimy gdzieś poza hotel, tak na spokojnie, żeby nie było za dużo bodźców. Zdecydowanie lepiej czuję się w mniej zatłoczonych kurortach, gdzie jest dostęp do natury i spokoju. Duża liczba ludzi, głośna muzyka i intensywne zapachy po prostu wpływają na mnie źle.

Co mi wtedy pomaga? Planowanie dnia z niewielką liczbą atrakcji. Jeżeli czuję, że jestem przemęczona, pozwalam sobie na samotny spacer, na wyciszenie, i to samo również mogę powiedzieć, jeżeli chodzi o moją córkę. Ale to opiszę później.

Źle na mnie działa energia lotniska. Wszystko tam dzieje

się w pośpiechu, dlatego wpływa to na moją głowę bardzo negatywnie. Staramy się wybierać loty bezpośrednie, bez presji czasu, że nie zdążymy na kolejny samolot lub pociąg.

————

Moje dziecko na swój sposób przeżywa każdy wyjazd, również do Polski, do najbliższej rodziny, gdzie są dziadkowie, ciocie i wujkowie. Ona także potrzebuje jednego lub dwóch dni na poznanie miejsca i przyzwyczajenie się do większej liczby ludzi w domu. Stawia swoje granice i nie lubi podchodzić i się przytulać. Nie lubi buziaków. Być może jest to związane z tym, że na co dzień jesteśmy tylko my – rodzice. Nie jest po prostu nauczona przytulania innych. Jeżeli czuję się już pewniej, sama podejdzie i przytuli się do dziadka czy wujka. Wtedy pokazuje swoje emocje. Często złości się, jeśli ktoś ją zmusza do szybszego nawiązania kontaktu.

Niestety dla bliskich bywa to niezrozumiałe, no bo dziecko powinno się przytulać i dawać buziaki. **Moim zdaniem ważnym elementem jest tutaj uświadamianie najbliższych, że dzieci po prostu się wstydzą i potrzebują chwili. Danie im większej swobody spowoduje, że szybciej będą mogły być sobą.**

Lilka reaguje na zmianę i większą liczbę bodźców zupełnie inaczej. Bywa tak, że przez pierwsze dni wmuszam jej posiłki i zjada naprawdę niewielką ilość. Jest tak przebodźcowana, że blokuje się na wszystko i nie chce jeść. Dużo się dzieje wokół, a również to jest bardzo trudne do zrozumienia dla najbliższej rodziny.

Tak samo, jeżeli my przez cały rok siedzimy tylko we dwójkę przy stoliku lub ona sama je obiad, to gdy tutaj nagle zasiądzie pięć osób do stołu, to dla niej jest to coś innego. Coś, z czym jej głowie trudno sobie poradzić i wtedy Lilka zamyka się w sobie. Pokazuje to po prostu złością, ponieważ nie umie powiedzieć o swoich uczuciach. Wyrzuca swoje emocje poprzez wkurzanie się, denerwowanie innych. Tutaj również pojawia się niezrozumienie ze strony rodziny, która uważa, że córka jest rozkapryszona. **Nie potrafią zrozumieć tego, że wysoko wrażliwe dziecko ma zupełnie inny układ nerwowy niż przeciętny maluch.**

––––––

Jesteśmy rodzicami, którzy lubią podróżować. Z naszą córką zwiedziliśmy wiele pięknych miejsc. Tych bliskich i dalekich. Można zapytać, po co ciągnąć po świecie małe dziecko, które nic nie będzie z tego pamiętać. Otóż pamiętać będziemy my. I tu nasuwa się kolejna sprawa, która czyni nas szczęśliwą i spełnioną w rodzicielstwie rodziną. **Realizujemy swoje marzenia. Inwestujemy w siebie i się rozwijamy. Korzystamy z życia, a dziecko nie jest w tym przeszkodą.** Oczywiście na wakacjach nie odpoczywamy tylko nad basenem, czy nie korzystamy z szalonych atrakcji. Dla mnie, mamy, która od zawsze marzyła o dziecku – zabawa w basenie czy minidisco są super i jestem spełniona. Każdy wyjazd, każda zmiana otoczenia to dla mojej głowy ogromny reset i odpoczynek.

Pierwszy lot samolotem z niemowlakiem zaliczyliśmy, kiedy córka skończyła trzy miesiące. Lecieliśmy na miesięczne wakacje do rodziny. To chyba był najłatwiejszy lot, ponieważ dziecko cały czas smacznie spało. Do podróży samolotem przygotowywałam się kilka tygodni. Czytałam, jak to wygląda w kwestii zabrania wózka, wody i mleczka dla dziecka. Zapoznawałam się z opowieściami innych mam, jak z ich perspektywy wygląda taka podróż. Bardzo się stresowałam, jednak okazało się, że nie było czym. Przy kontrolach bagażowych rodziny z dziećmi mają pierwszeństwo. Wózek można wziąć i jest w cenie biletu. W samolocie dziecko do drugiego roku życia siedzi z dodatkowym pasem bezpieczeństwa na kolanach rodzica. W zależności od wieku malucha trzeba przygotować się inaczej, ponieważ niemowlak większość lotu prześpi, a starsze dziecko będzie potrzebować zabawek czy przekąsek, aby spokojnie przesiedzieć lot. Trzeba tylko uzbroić się w cierpliwość i spróbować się nie stresować.

Najlepsze wakacje?

Meksyk. Dwa tygodnie w pięknym, przystosowanym dla rodzin resorcie.

Czternastomiesięczne dziecko. Wakacje marzeń. Długi lot samolotem, bo chyba około dwunastu godzin, ale przebiegł dobrze. Sama w sobie miałam taką ekscytację i wysokie wibracje, że lecimy tak daleko. Byłam spokojna, że ten lot my i nasi współpasażerowie będziemy wspominać dobrze. W Meksyku zwiedziliśmy bardzo dużo. Nie byliśmy zamknięci tylko w hotelu. Czuliśmy się bezpiecznie i pewnie. To właśnie zdjęcie z Meksyku (na katamaranie, kiedy płynęliśmy na rajską wyspę), na którym karmiłam piersią, upiększyło mój tekst na temat karmienia w podróży w prestiżowym „Kwartalniku Laktacyjnym".

No dobra, to teraz, żeby nie było tak idealnie.

Najcięższe wakacje?

Mauritius. Bunt dwulatka, przeziębienie i choroba męża. Tydzień wakacji w tak pięknym miejscu, a ja chciałam wracać do domu. Pamiętam jak dziś, jak o czwartej nad ranem spacerowałam po hotelowym resorcie, bo dziecko nie chciało spać. Było ciężko, ale takie uroki macierzyństwa. Oczywiście udało się zwiedzić troszkę wyspy, jednak cieszyłam się ogromnie z powrotu do domu. Można pomyśleć: „Ha! I tak to właśnie jest, jak się ciągnie po świecie małe dziecko".

Kolejną podróżniczą przygodą było zrezygnowanie z lotu do Polski chwilę przed odlotem. Lot wieczorny. Leciałam sama do Gdańska. Zaczęło się już przy kontroli bezpieczeństwa, kiedy to ukochaną lalkę musiałam oddać na taśmę. Później było już tylko gorzej. Płacz nie do opanowania. Oczy pasażerów zwrócone na nas. Spojrzenia pełne politowania, złości i ludzie komentujący coś pod nosem. Próby zagadania do dziecka zwiększały jego krzyk. Moja bezradność, bo nie wiedziałam, co się dzieje. Nie wiedziałam, co zrobić. Co się dzieje mojemu dziecku, że tak bardzo płacze? Czy powinnam wsiąść do samolotu? Czy jeśli wsiądę to, czy nie zostanę wyproszona lub nie będę wyzywana? Odpuściłam. Poprosiłam o zwrot bagaży. Ze łzami w oczach i w totalnej bezradności zadzwoniłam do stęsknionych pradziadków, którzy już na nas czekali, z wiadomością, że nie przylecimy. Wymęczona psychicznie i fizycznie wróciłam do domu. Na lotnisko pojechaliśmy po kilku godzinach – na poranny lot do Wrocławia. Tym razem wszystko poszło sprawnie i bez niespodzianek.

Chciałam opisać kilka przygód z naszych wypraw, ponieważ bardzo często udzielam się na forum dotyczącym podróży, wakacji z dzieckiem. Inne mamy szukają tam wsparcia, dzielą się poradami i wskazówkami jak przetrwać lot, czy gdzie pojechać na wakacje. Uważam więc ten temat za bardzo ważny i przydatny.

Zawsze będę polecać podróżowanie z dzieckiem. To sprawdzony sposób na wakacje, wyjazd i odpoczynek. Jednak uwzględnij fakt, że wysoko wrażliwe osoby łatwiej ulegają przestymulowaniu i zamiast radości może pojawiać się irytacja i napady złości.

Sześć rzeczy, o których musisz pamiętać, gdy wybierasz się w podróż z wysoko wrażliwym dzieckiem

1. Przemyśl, jakie miejsce będzie najbezpieczniejsze dla Twojej pociechy. Wybierz takie, gdzie będą atrakcje dla dziecka, ale również możliwość odetchnięcia od muzyki, zapachów i ludzi.
2. Dawkuj atrakcje. Plac zabaw, basen, udział w konkursach, zwiedzanie miasta i minidyskoteka – może się okazać, że to zbyt dużo na jeden dzień. Więc powoli dawkuj atrakcje i obserwuj dziecko. Niech to będzie przyjemność dla całej rodziny.
3. Pamiętaj o ulubionych zabawkach, ubraniach i rzeczach codziennego użytku dla swojej pociechy. Wysoko wrażliwe dzieci często narzekają na ubrania, których materiał lub metki ich drażnią. Pamiętaj o tym, gdy kompletujesz wyprawkę.

4. Utrzymuj rutynę dnia. Jeśli Twoje dziecko ma drzemki, pilnuj ich pory. Jeżeli Twoja pociecha ma zawsze chwile na swoje ulubione zabawy – zapewnij jej czas dla siebie.

5. Tylko spokój może nas uratować. Zarówno wysoko wrażliwi dorośli, jak i dzieci, mogą mieć problem w odnalezieniu się w nowym miejscu. Dajmy więc sobie czas na pobycie w samotności i wyciszenie. Cieszmy się z tych chwil i nie rezygnujmy z wyjazdów tylko dlatego, że boimy się kolejnej katastrofy. Zaakceptujmy rzeczywistość taką, jaka jest i pomóżmy sobie wzajemnie.

6. Jeśli Twoja pociecha jest typem dziecka, które ma problemy w nawiązywaniu kontaktów, jest nieśmiałe i często potrzebuje dłuższego czasu na ogarnięcie nowej przestrzeni, to na siłę swoją złością tego nie zmienisz – więc akceptuj, kochaj i korzystaj.

Relacje z WWO

Człowiek nie może się obejść bez drugiego człowieka. W piramidzie Maslowa do głównych potrzeb zalicza się potrzebę przynależności (miłości, szacunku).

Jeśli trafiamy na cudowne osoby to super. Jednak często spotykamy się z krytyką. Osoby wysoko wrażliwe bardzo biorą do siebie to co powiedziano na ich temat. Jest to stresujący czas. Dlatego unikamy konfliktów. Często przybieramy maski. Jesteśmy dla wszystkich pomocni, uśmiechnięci, bo nie chcemy wywołać sprzeczki. Gdy zapominamy o sobie i prawdziwych potrzebach, to bardzo często stawiamy innych ponad siebie. Pamiętajmy, że nie musimy się do nikogo dostosowywać. Tu kłania się praca nad poczuciem własnej wartości.

WWO często zauważają małe sygnały płynące od innych osób. Często jest to nawet drobna zmiana tonacji głosu czy inaczej napisana wiadomość na przykład bez uśmiechniętej buźki na końcu. Co robimy? Zastanawiamy się, co zrobiliśmy źle, dlaczego ta osoba jest na nas obrażona. Bierzemy winę na siebie. Czujemy się nielubiane. Najlepsze jest to, że ta druga strona w ogóle o tym nie pomyślała. To my zaczęliśmy pisać scenariusz. Nie wiem, skąd to się bierze, ale rozmawiałam z wieloma osobami i potwierdzają, że też tak mają.

Ludzie wysoko wrażliwi potrafią być wspaniałymi przyjaciółmi. Cechuje nas empatia, której w dzisiejszych czasach brakuje. Umiemy cieszyć się z najdrobniejszych rzeczy, dostrzegamy piękno otoczenia. Potrafimy marzyć, bo mamy głębokie wnętrze. Kochamy szczerze i prawdziwie.

Przeczytałam ostatnio post na jednym z forów na temat: „Wymień, czym wkurza Cię Twój facet". Padło wiele sarkastycznych odpowiedzi i jeden dał mi do myślenia: „To z kim Wy żyjecie, skoro tak narzekacie?".

No właśnie i to dało mi argument za tym, by ten rozdział powstał. Do tej pory wydawało mi się to czymś normalnym, by wybierać na swojego partnera wspierającego mężczyznę. Jednak, jak pokazują wpisy z forum, jest jeszcze tak wiele kobiet, które wybierają nieodpowiedniego partnera z obawy przed samotnością.

Nie będzie tu przykładów lub moich historii. Ten temat zostawiam dla siebie. Pokażę jednak, co widzę i wiem na temat relacji międzyludzkich, jakich potrzebują i szukają kobiety cechujące się wrażliwością. Recepta ta jednak przyda się każdej świadomej kobiecie. W sumie, czy właściwie jest jakaś recepta na szczęście i spełnienie?

My, fajne babeczki, zasługujemy na facetów, którzy będą nas szanować, kochać i w pełni akceptować. Akceptować to, że potrzebujemy czasu dla siebie. Tu nie chodzi tylko o czas na zrobienie spokojnie obiadu czy pójście do kosmetyczki. Niezbędny są też chwile dla siebie, aby zadbać o spokój psychiczny po całym ciężkim dniu.

Czas, którego potrzebujesz i chcesz sobie dać, przeznacz na to, co Cię zregeneruje i uszczęśliwi. Za tym wszystkim stoi zrozumienie, że to jest dla Ciebie cenne.

Bardzo często w domowej codzienności włącza się analiza wszystkiego, chęć przeżywania drobnych sytuacji. I to właśnie spada na naszego partnera. Dlatego tak ważne jest, by mieć przy boku osobę, która zrozumie, że Ty tak masz. I pozwoli Ci się wygadać. I da buziaka, a nie wywróci oczami, na to Twoje gadanie.

Warto zwrócić uwagę na to, że częste kłótnie wynikają z nieporozumień. Jakie mogą być one w związku z WWO?

Na przykład Twój partner uwielbia zakupy w ogromnych centrach handlowych. Ty czujesz się tam przytłoczona.

Mąż planuje wakacje w ogromnym resorcie pełnym ludzi. Ty jednak wolisz skromniejszy i cichszy hotelik, bo zależy Ci na psychicznym komforcie.

To co dla WWO jest ogromnym wyzwaniem, dla zwykłego mężczyzny może nie być żadnym problemem. Dlatego tak ważna jest rozmowa. Znajdowanie kompromisu.

Poczucie bezpieczeństwa na pewno jest istotne dla wszystkich kobiet. Więc tak jak powiedziałam na wstępie, tego typu wskazówki mogą przydać się każdej parze.

Życzę Ci mężczyzny takiego, który nie ocenia a jest przy Tobie.

Na koniec warto jednak pamiętać, że nasze relacje to nie tylko te z płcią przeciwną. To przede wszystkim szukanie bratniej duszy w siostrze czy przyjaciółce.

Jakich przyjaciółek szukają WWO?

Z mojego punktu widzenia na pewno takich, jakie nas zrozumieją, będą szanować nasze granice, nie będę oceniać. I teraz każda z nas będzie szukać bratniej duszy pasującej i współgrającej z jej własną energią i intuicją. Ja tak mam. Wyczuwam od razu czy dana postawa to gra czy nie.

Czy szukałam długo takiej bratniej duszy? Zdecydowanie długo, no i szukam tak całe życie. Jednak po 30 latach zrozumiałam, że nie liczy się ilość a jakość.

Kiedyś bardzo przemówił do mnie cytat, który jest ze mną do dziś: „Prawdziwych przyjaciół poznasz po tym, jak znoszą Twoje szczęście".

Dlaczego tak? Byłam w bardzo kryzysowej sytuacji życiowej i obok mnie znajdowało się bardzo wiele osób. Jak to się mówi przyjaciele i bieda. No tak poklepali po ramieniu, współczuli, płakali. Do czasu, kiedy u mnie słońce zaświeciło ponownie. Wtedy przyszła zawiść i zazdrość. Nie ukrywajmy i nie bójmy się powiedzieć, że tak się zdarza.

Dlatego teraz absolutnie wierzę, że przyjaciele to Ci, co są z Tobą, kiedy odnosisz sukcesy. Kiedy spełniasz marzenia. Kiedy jesteś szczęśliwa. Kiedy jesteś w najlepszym momencie swojego życia. Cieszą się razem z Tobą. Na nich możesz liczyć i w tych trudniejszych chwilach.

Przyjaciółek takich od serca mam dwie. Mogę im powiedzieć o wszystkim: o tym pięknym i tym, co smuci. Bez oceniania. Tylko zrozumienie i dobra rada wtedy, kiedy tego chcę. Z jedną przeżyłam najpiękniejsze chwile w życiu, a druga zna największe sekrety. Dwie moje kochane, za które w tym miejscu dziękuję. Dziękuję za ich obecność.

Bratnie dusze to dla mnie takie wspaniałe kobiety, z którymi możemy rozmawiać godzinami na wiele tematów. Poznajemy je wtedy, kiedy otwieramy się na świat. To takie osoby, w których widzimy siebie. Nie koniecznie musimy wiedzieć o sobie wszystko, ale możemy porozmawiać o wszystkim. Otwartość. Zrozumienie, ciekawość, inspiracja. Tak nazwałabym taką relację. To się czuję.

Za te osoby w moim życiu również jestem niesamowicie wdzięczna i często mówię to tym moim kochanym bratnim duszom.

Przyjaźń osoby wysoko wrażliwej z drugim człowiek wykazującym podobne cechy jest możliwa. Przynosi ogrom korzyści przez to, jak te osoby widzą świat, pod warunkiem, że zdają sobie one sprawę z tego, co je wyróżnia, potrafią ocenić realnie każdą sytuację i wiedzą, jak działa układ nerwowy. Czyli pełna świadomość.

Inaczej się nie da, ponieważ dwie osoby WWO bez wiedzy jak to wszystko działa, jak reagować w danej sytuacji, jak radzić sobie z nadmierną analizą czy bodźcami będą frustrować się wzajemnie. To będzie huśtawka emocji, nastrojów, zachowań. Jedna osoba będzie napędzała drugą.

Osoba wysoka wrażliwa ma bardzo duże szanse na tworzenie pięknych relacji z ludźmi nienależącymi do tej grupy. Dzieje się tak, ponieważ ten drugi człowiek zawsze potrafi realnie ocenić sytuacje często mocno „wyolbrzymiane" przez WWO. Oczywiście użyłam tu cudzysłowu. Analityczne myślenie jednej z osób, czy branie obcych emocji na siebie można w sposób naturalny przegadać. Przez to druga osoba będzie wiedzieć, jak zachować się w takiej sytuacji – dać wsparcie, czas itp.

DZIEWIĘĆ

Jeden krok

W tym rozdziale chciałabym pokazać, jak bardzo ważny może okazać się nawet najmniejszy krok. Każde nasze działanie.

Pewnego wieczoru moja bratnia dusza (i tu z wyrazami szacunku i wdzięczności wymienię ja z imienia i nazwiska – Agnieszka Walendowski, która kilkukrotnie była gościem w moich rozmowach tematycznych) wysłała mi wiadomość:

„Angelika, słuchaj, moja intuicja podpowiada mi, abyś wzięła udział w tym konkursie".

Chodziło o konkurs na Książkę Roku.

Nie zawahałam się. Intuicyjnie nie dopuszczałam jeszcze do głosu swojego umysłu, który zacząłby szeptać, że gdzie ja się pcham. Zgłosiłam się. Puściłam w świat intencję, że co ma być, to będzie. Nic nie tracę na tym zgłoszeniu. I zapomniałam o całej sprawie.

Minęły chyba trzy tygodnie od tego czasu i dostałam wiadomość:

„Gratulujemy. Przeszłaś pierwszy etap kwalifikacji. Teraz głosowanie społeczności".

Wypełniłam się czystą radością, wdzięcznością, poczuciem dumy.

Za tym popłynęła lawina zdarzeń.

W tej euforii Wszechświat podesłał mi post, w którym ktoś pytał, jak wydać książkę.

Ja, dobra dusza, od razy zaproponowałam udzielenie informacji i wstawiłam link do mojej książki.

Kupiły ją wtedy dwie osoby. Jedna, dla której wartością są takie książki z dedykacją, oraz druga, która (jak się po chwili okazało) mieszka niedaleko, prowadzi piękną, różową kawiarnię i zaprasza mnie do organizacji spotkań dla kobiet.

Nie wierzyłam w to, co się działo. Tyle magicznych zdarzeń.

Kilka dni przed finałem odezwała się do mnie pani z portalu parentingowego z propozycją poprowadzenia webinaru dla młodych mam na temat wysokiej wrażliwości.

Zostałam finalistką konkursu Kursory Roku 2023 organizowanego przez Jestem Interaktywna w kategorii Książka Roku.

Popłakałam się. Ze szczęścia. Z dumy.

Na wyniku wpływ miało na pewno wiele aspektów: działanie w social mediach i aktywny udział w konkursie – czyli wyjście do swojej społeczności z odwagą i dumą, opowiedzenie o konkursie, zaproszenie do brania udziału i prośba o głosy.

Co dał mi ten konkurs?

- Uciszył syndrom oszusta, który co jakiś czas mówił: „Co z tego, że napisałaś książkę?", „Co z tego, że dla wielu kobiet jesteś inspiracją?" itp.
- Wzmocnił moje poczucie wartości.
- Pokazał, że należy mówić do kobiet, bo jest na to zapotrzebowanie.
- Dodał mi skrzydeł do tego stopnia, że za chwilę będę organizować swoje pierwsze spotkanie na żywo dla kobiet. Cieszę się bardzo i jestem tym podekscytowana.

Tą historią chcę Ci pokazać, że czasem wystarczy jeden krok, a Twoje życie przyniesie Ci te piękne chwile, o których marzysz od dawna. Działanie i stawianie nawet najmniejszych kroków zawsze poprowadzi Cię naprzód.

Co by się stało, gdybym odłożyła wysłanie zgłoszenie na jutro? Pewnie nic by się w moim życiu nie zmieniło, bo jutro znowu odłożyłabym to na inny dzień. Kto z nas tak nie robi?

Odkładanie siebie i własnych marzeń na później.

Działaj z intencją, wdzięcznością i zawsze słuchaj intuicji.

*Wyróżnienie w konkursie organizowanym przez Olę
Gościniak Kursory Roku*

Chroń swoją przestrzeń

Masz prawo ustalać swoje granice. To Ty decydujesz, kto jest w Twoim życiu.

Czy doświadczyłam hejtu?

Mam to szczęście, że nie. Otrzymałam co prawda komentarze, które miały mi sprawić przykrość, ale poznałam autora i powody ich napisania – zazdrość.

Absolutnie jestem za konstruktywną krytyką. Każdy ma do niej prawo. Należy jednak pamiętać, że nie powinniśmy oceniać czyjegoś zachowania, bo tak naprawdę nie wiemy, co ten człowiek przeżył. Łatwo nam krytykować – mierząc naszą miarą – ja staram się tego unikać. Zrozumiałam, że to mi nie jest potrzebne. **Doceniam, a nie oceniam.** Słowa też ranią i zawsze mam to na uwadze. Uważam, że jak mam powiedzieć komuś coś niemiłego, to lepiej nie mówić nic. Hejtują osoby, które mają problem. One. Nie ja. Ustaliłam swoje granice i jasno mówię, że w mojej przestrzeni jest miejsce tylko na dobre słowa.

Mówmy innym pozytywne rzeczy. Mówmy komplementy i słowa uznania. To podniesie wibracje energetyczne zarówno nasze, jak i naszego odbiorcy. Energia, z jaką idziemy do ludzi, wraca do nas. Świat to nasze lustro. Odzwierciedla nas.

Twojej wczorajszej wersji już niema. Zmieniasz się każdego dnia. Każdego dnia zdobywasz nowe doświadczenia, które Cię kształtują.

Kiedy wchodzimy w temat samorozwoju, to nie tylko kształtujemy siebie i naszą świadomość, ale wpływamy również na zmiany w naszym otoczeniu. Zmienia się nasz mental. Ludzie, którzy zawsze byli wokół nas, zaczynają nam przeszkadzać. Nie odpowiada nam ich zachowanie. Chcemy żyć z ludźmi z podobnymi zainteresowaniami i przemyśleniami do naszych. Często wtedy zostajemy same. Jest to dobry czas na pobycie samej ze sobą. Nie namawiam tu do samotności, ale do uważności. Jest to jeden z trudniejszych okresów przejściowych. Wielu ludzi na tym etapie cofa się. Stwierdza, że to nie jest to, czego oczekiwali. Wytrwałe osoby przeżywają ten okres, a później przychodzi gotowość na nowe znajomości. Na osoby, które z nami rezonują. Piszę to, bo znam ten temat z autopsji. Kiedy zaczęłam chronić swoją przestrzeń, bo dojrzałam do tego, że czas wyjść z roli grzecznej dziewczynki – zostałam sama. Z upływem czasu i pojawienia się jeszcze większej świadomości zaczęłam przyciągać do siebie ludzi podobnych do siebie. Ludzi pomocnych, dmuchających w skrzydła. Ludzi z podobnymi celami życiowymi do moich. Ten czas nadal trwa. Jednak teraz doskonale rozumiem, że zmieniamy się my, więc będzie się zmieniać nasze otoczenia i ludzie, którzy z nami rezonują.

. . .

I pamiętaj, że to Ty decydujesz, na ile można Cię poznać. To normalne, że bliższe osoby znają Cię lepiej. Nie przed każdym otwieramy się tak samo. Mamy świadomość, że z jednymi ludźmi będziemy rozumieć się lepiej, a z innymi gorzej. Jednak właśnie ta świadomość i zrozumienie, że nie każdy musi nas lubić, nie każdy musi się z nami zgadzać jest tutaj istotne. I dla wielu WWO jest to bardzo trudne do zaakceptowania, bo chcemy być lubiani przez wszystkich. Chcemy każdemu pomóc, a tak się nie da.

Każdy z nas jest inny. Jesteśmy tak różni, a tak podobni. I to my decydujemy, kogo dopuszczamy do naszej przestrzeni z pełną akceptacją tego, że nie musimy spełniać oczekiwań innych

JEDENAŚCIE

Afirmacje

Pozytywne zdania podnoszą nasze wibracje energetyczne.

Z afirmacjami, przyznaję szczerze, spotkałam się po raz pierwszy, kiedy zainteresowałam się rozwojem osobistym. Wcześniej nie znałam tego pojęcia. Uczymy się całe życie.

Afirmacje w moim przypadku wyglądają tak, że tworzę je w głowie, zapisuję na dzień dobry. Rezonują one z moja energią i tym, co w danym momencie potrzebuję przyciągnąć do mojego życia.

Pamiętam, jak afirmowałam: „Na swojej drodze spotykam wspaniałych ludzi".

W drodze do pracy z całkowitą wiarą wypowiadałam te słowa. Jakie było moje zdziwienie, kiedy to zaczęło działać. W pracy spotykałam miłe osoby, z którymi nawiązywałam bardzo ciekawe rozmowy. Natrafiałam na pozytywne osoby, z którymi wcześniej nie miałam okazji się poznać bądź wymienić zdania. Podnosiło to moją pozytywną energię, dawało większe poczucie wartości, stawałam się pewniejsza i odważniejsza w kontaktach z ludźmi. Emanowałam tą energią i to jeszcze bardziej przyciągało dobrych ludzi do mojego życia.

To dało mi sygnał, że te afirmacje naprawdę działają. Pod warunkiem że są wypowiadane z nadzieją i wiarą w nie.

Dzielę się z Tobą moimi ulubionymi afirmacjami:

- Jestem w najlepszej dla siebie rzeczywistości.
- Jestem wystarczająca.
- Ten dzień przyniesie mi pozytywne wiadomości.
- Na swojej drodze spotykam dobrych i pozytywnych ludzi.
- Moje osiągnięcia są wynikiem tego, co sama wypracowałam.
- Moje myśli płyną prosto z serca i rezonują ze mną. Wierzę w swoje przekonania.
- Jestem magnesem przyciągającym pieniądze.

To tylko przykłady. Każdego dnia zapisz własne. Głośno powiedz to, czego pragniesz.

To miejsce na Twoje afirmacje:

Zaraz po afirmacjach należy wspomnieć, jak ważne jest podziękowanie za to, co do naszego życia przyszło. Wdzięczność za małe rzeczy. Za poranną ciepłą kawę, za rozmowę z koleżanką. Praktykujmy wdzięczność i cieszmy się z małych rzeczy, które składają się na całość. Każdego dnia zapisujmy w zeszycie, co dobrego się wydarzyło. Powróćmy do pisania pamiętnika i spisywania naszych próśb, myśli i podziękowań. Gdy byłyśmy małymi dziewczynkami, każda z nas chciała mieć pamiętniczek zamykany na klucz. Mogłyśmy zapisać tam wszystko. Mimo tego, że byłyśmy takie młodziutkie, a te sytuacje nie miały wiele wspólnego z dorosłym życiem, to wróćmy do tego. Obudźmy tę mała dziewczynkę, która cały czas w nas mieszka.

Ośmiodniowa zmiana

Zachęcam Cię do podjęcia próby „Ośmiodniowej zmiany". Lecimy!

Dzień 1

- Zaplanuj swój wymarzony dzień, od rana do wieczora, w taki sposób, jak chcesz go przeżyć.
- Zapisz sobie, jak ma on wyglądać, z kim chcesz go spędzić, co będziesz robić. Być może jest to wyjazd rodzinny. A może dzień tylko dla Ciebie albo z przyjaciółką.
- Zaplanuj sobie, dokąd pojedziecie, co zjecie, jak będziecie spędzać czas.
- A może to dzień bez gotowania, prania i sprzątania? Zapisz go w kalendarzu – niech to będzie dzień wyjątkowy.

- Wcześniej ugotuj obiad na dwa dni... Albo
wybierz się do restauracji... Albo zamów pizzę!

Dzień 2

Czy jeśli dostaniesz prezent zapakowany w przepiękny papier, z cudowną kokardą, to zaglądasz, co jest w środku, czy zostawiasz i tylko się przeglądasz?

To możesz odnieść w stosunku do siebie. Jesteś przepiękną, cudowną kobietą. Zajrzyj do środka. Odkryj to wnętrze. Pokaż je światu.

Pokaż kotku, co masz w środku: swoje mocne strony, swoje pasje, to w czym jesteś dobra, to za co cenią Cię znajomi i bliscy.

Myślenie o tym, co lubisz robić i robisz to codziennie, sytuacje, w których czujesz się dobrze i czynności, które wykonujesz codziennie, to świetny sposób, aby określić, w czym jesteś dobra.

Ćwiczenia na dziś:

- Zapytaj najbliższych, za co Cię cenią, co w Tobie lubią.
- Zapisz, co lubisz robić.
- Zapisz, co jest Twoją mocną stroną.
- Zapisz, co wyróżnia Cię z tłumu.
- Zajrzyj w siebie i podnieś swoją pewność siebie i swoje wibracje energetyczne, kochanie!!!!

. . .

Dzień 3

Przemyśl, na jakich osobach Ci zależy.

- Do kogo możesz się udać w chwilach, kiedy tego potrzebujesz?
- Czy masz osoby, które dmuchają Ci w skrzydła?
- Czy słyszysz, że jesteś potrzebna, ważna?
- Czy wiesz, za co Cię cenią?
- Czy masz autorytet, od którego możesz czerpać inspiracje do działania i motywacje w trudnych chwilach?

Dobrze mieć taką osobę. Dzisiejszy świat umożliwia podtrzymywanie przyjaźni z ludźmi z każdego zakątka świata. Z kilkoma osobami mam kontakt tylko wirtualny – nie znamy się w świecie realnym, ale czujemy się bratnimi duszami.

Pamiętaj, że gdy bierzesz od kogoś – dajesz mu również siebie. Wzajemność. Szacunek i bliskość. To działa w dwie strony. Jeśli tylko dajesz i nie otrzymujesz w zamian – zastanów się nad tą relacją.

Pamiętaj też, że każda osoba coś wnosi w nasze życie – jedna przy wejściu druga przy wyjściu z niego.

Ćwiczenia na dziś:

- Zapisz na kartce osoby, które są wtedy, kiedy potrzebujesz.
- Zapisz osoby, które Cię motywują, które inspirują.
- Zapisz osoby, dzięki którym Twoja wartość wzrasta.

Być może będą to te osoby, którym wczoraj zadałaś pytanie, za co Cię cenią.

- Napisz do nich kilka słów tak jak oni wczoraj do Ciebie.

♡ Jeśli nie wykonałaś wczorajszego zadania, to nic nie szkodzi. Zawsze jest dobry moment, aby napisać do bliskich dobre słowo.

Dzień 4

- Przypomnij sobie osobę, która bardzo Cię skrzywdziła, lub sytuację, która nie pozwala o sobie zapomnieć i cieszyć się chwilą obecną.
- Wycisz się, przemyśl wszystko i przebacz. Wybacz myślami i sercem.

Przebaczenie i akceptacja takiej sytuacji pozwolą iść naprzód. Zacząć od nowa bez żalu do kogoś, czegoś.

. . .

Dzień 5

- Wizualizacja Ciebie pewnej siebie.
- Zastanów się, jaka jesteś naprawdę. Bez przejmowania się opinią innych.
- Jaka chciałabyś być w danej sytuacji, a taka nie jesteś, bo wciąż masz w sobie blokady.

Ćwiczenie na dziś:

- Zamknij oczy. Widzisz piękny ogród. Jesteś w nim. Czujesz zapach kwiatów. Promienie słońca padają na Ciebie. Czujesz ciepło i energię.
- Zaczynasz tańczyć. Bez wstydu. Bez ograniczeń. Jak mała dziewczynka. Czujesz, że jesteś tą prawdziwą sobą. Pewną siebie kobietą.
- Rób tak każdego dnia. Wizualizuj siebie w każdej sytuacji.

Taką, jaką siebie widzisz wtedy – taką jesteś w środku bez blokad.

Dzień 6

- Pozwalaj sobie na każdą emocję. W ciągu dnia mamy mieszankę różnych uczuć. Szczęścia, smutku, złości.

- Nie chowaj emocji w sobie.
- Mów otwarcie, jeśli jakieś słowo Cię zaboli lub rozzłości.
- Ciesz się z każdego sukcesu i mów o nim światu.

Dzień 7

- Doceń to, co masz. To bardzo ważne, żeby cieszyć się z małych rzeczy. Wtedy doceniamy te ogromne.

Ćwiczenie na dziś:

- Zapisz na kartce, za jakie rzeczy jesteś wdzięczna:
- spotkanie z koleżanką,
- ciepła kawa,
- słoneczny dzień,
- potrzebny deszcz,
- miła pani w przychodni,
- pomocny sąsiad,
- promocyjna cena,
- itp.

Dzień 8

- Żyj tu i teraz
- Pamiętaj, nic nie jest nam dane na zawsze.
- Wczoraj już było, jutro jest niepewne. Szanse masz dziś. W tym momencie.
- Wykorzystuj każdy dzień, każdą lekcję od życia.

TRZYNAŚCIE

Leć po marzenia

Mam ciary.

Można by pisać i pisać, bo tematów nasuwa się wiele.

Chciałam napisać książkę po swojemu I się udało.

Teraz czas na Ciebie!

Na niesienie pozytywnej energii w świat.

Na życie w pozytywności i autentyczności.

Na pozwalanie sobie na samotność i gorsze dni

Na życie w świadomości.

———

Tak bardzo chciałabym, abyś spełniała swoje marzenia. Z odwagą szła przez życie.

Często boimy się iść po swoje, bo martwimy się opinią innych. „Co ludzie powiedzą?". Zazdrość i te sprawy.

Słuchaj, inni za Ciebie życia nie przeżyją. Ludzie zawsze gadali i gadać będą, a najwięcej mówią Ci, co nic nie robią.

Czy jakaś osoba, która odniosła sukces, zapyta Cię „Po co Ci to?" albo podetnie skrzydła lub wyśmieje? No nie. Dlatego tak to sobie tłumaczę i opinii innych się nie boję. Żyję po swojemu.

Uwierz w siebie i swoje możliwości.

Stawiaj cele i małymi krokami leć do przodu.

Kreuj swoją rzeczywistość

Życie jest jedno więc nie czekaj za długo.

Rozwiń skrzydła i leć.

Leć po marzenia.

CZTERNAŚCIE

Karty pracy

Mentorka Twoich zmian

@pasja_motywacja

Angelika Skweres

Zmiana może być wyzwaniem, nową przygodą.

Idź małymi krokami. To nie sprint, tylko maraton. DŁUGA droga. Mały krok jest lepszy w realizacji wielkiego celu.

1. zdefiniuj cel
2. ustal plan działania
3. zbieraj informacje
4. szukaj wsparcia w innych
5. monitoruj postępy
6. czas dla siebie
7. znajdź inspiracje
8. oceniaj efekty

Pamiętaj, że proces zmiany może być różny. Będzie trudno. Przyjdą chwile zwątpienia. Tak ważne jest więc ustalenie swojego celu, Swoich marzeń i powrót do nich w trudniejszych chwilach.

Zaczynasz, bo to podpowiada Ci intuicja, Twoje serce.

Trzymam za Ciebie kciuki!!!

W PROCESIE

KROK PIERWSZY

- OKREŚL MOTYWACJĘ DO ZMIANY. POMYŚL, PO CO CHCESZ COŚ ZMIENIĆ. SKĄD TAKA POTRZEBA? CO CHCESZ UZYSKAĆ?
- PRZEANALIZUJ SYTUACJĘ. USTAL KORZYŚCI I KOSZTY WPROWADZENIA ZMIAN.

KROK DRUGI

- ZAPLANUJ KIERUNEK. OPRACUJ PLAN DZIAŁANIA I WPROWADZENIA ZMIAN W ŻYCIE.
- WPROWADZAJ OPRACOWANY PLAN W ŻYCIE.

KROK TRZECI

- DOKONAJ ZMIAN.
- WPROWADŹ EWENTUALNE POPRAWKI, UDOSKONALENIA.

INTENCJA

CODZIENNA AFIRMACJA:

_____

_____

_____

DZISIAJ JESTEM WDZIĘCZNA ZA:

_____

_____

_____

MOJE CELE NA DZIŚ

_____

_____

_____

_____

PLAN NA DZIŚ:

WODA

◊ ◊ ◊ ◊ ◊ ◊ ◊ ◊ ◊

SEN

○ ○ ○ ○ ○ ○ ○ ○ ○

NASTRÓJ

☺ ☺ ☺ ☹ ☹ ☺ ☺

NOTES

_____

_____

LISTA

WYPISZ CZYNNOŚCI PORANNEJ I WIECZORNEJ RUTYNY, KTÓRE POMOGĄ CI SIĘ NAŁADOWAĆ POZYTYWNĄ ENERGIĄ, ZADBAĆ O SWOJE DOBRE SAMOPOCZUCIE, RELAKS PO CAŁYM DNIU.

PORANNY SELF-CARE

- ☐ _____
- ☐ _____
- ☐ _____
- ☐ _____
- ☐ _____
- ☐ _____
- ☐ _____
- ☐ _____

WIECZORNY SELF-CARE

- ☐ _____
- ☐ _____
- ☐ _____
- ☐ _____
- ☐ _____
- ☐ _____
- ☐ _____
- ☐ _____

LISTA ZADAŃ

SEKCJA PIERWSZA

- [ ] ODPOWIEDNIA ILOŚĆ SNU
- [ ] NAWODNIENIE
- [ ] KONTAKT Z NATURĄ
- [ ] AKTYWNOŚĆ FIZYCZNA
- [ ] ORGANIZACJA CZASU

SEKCJA DRUGA

- [ ] BUDOWANIE RELACJI Z INNYMI
- [ ] CZAS NA ODPOCZYNEK
- [ ] MEDYTACJA
- [ ] SPRAW SOBIE PREZENT
- [ ] POMYŚL CO DZIŚ DOBREGO SIĘ WYDARZYŁO

SEKCJA TRZECIA

- [ ] NIE NARZEKAJ
- [ ] OTACZAJ SIĘ KOLORAMI
- [ ] AFIRMUJ
- [ ] PRAKTYKUJ WDZIĘCZNOŚĆ
- [ ] PRZECZYTAJ 10 STRON KSIĄŻKI

SEKCJA CZWARTA

- [ ] WYŁĄCZ TV
- [ ] UŚMIECHNIJ SIĘ DO SIEBIE W LUSTRZE
- [ ] WIZUALIZUJ
- [ ] AROMATERAPETUCZNA KĄPIEL
- [ ] TANIEC INTUICYJNY

SMART

SKORZYSTAJ Z PONIŻSZYCH PYTAŃ, ABY WYZNACZYĆ SWOJE CELE.

S	SPRECYZOWANY	
	CO CHCĘ OSIĄGNĄĆ? KONKRETNY CEL.	

M	MIERZALNY	
	SKĄD BĘDĘ WIEDZIEĆ, KIEDY TO ZOSTANIE OSIĄGNIĘTE??	

A	ATRAKCYJNY-OSIĄGALNY	
	JAK MOŻNA OSIĄGNĄĆ CEL?	

R	REALNY	
	CEL MUSI BYĆ REALNY.	

T	TERMINOWY	
	KIEDY CHCĘ OSIĄGNĄĆ CEL?	

KOŁO ŻYCIA

KOŁO ŻYCIA JEST DOSKONAŁYM NARZĘDZIEM, KTÓRE POMAGA LEPIEJ ZROZUMIEĆ, CO MOŻESZ ZROBIĆ, ABY TWOJE ŻYCIE BYŁO BARDZIEJ ZRÓWNOWAŻONE. POMYŚL O 8 KATEGORIACH ŻYCIA (PONIŻEJ) I OCEŃ JE OD 1 DO 10. POMYŚL, JAKIE EMOCJE CZUJESZ W DANEJ STREFIE. KOŁO POKAŻE CI, NAD JAKIMI ASPEKTAMI ŻYCIA NALEŻY POPRACOWAĆ.

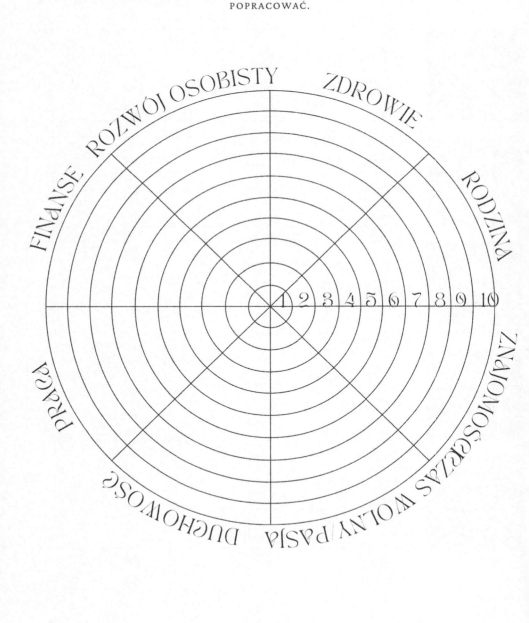

ŚLEDZENIE NAWYKÓW

ŚLEDZENIE NAWYKÓW MOŻE POMÓC CI POZOSTAĆ NA DOBREJ DRODZE I OSIĄGNĄĆ
SWOJE CELE. WYZNACZ 12 NAJWAŻNIEJSZYCH CELÓW I ZAZNACZAJ TO KAŻDEGO
DNIA, W KTÓRYM JE UKOŃCZYSZ.

TYDZIEŃ _____

CEL NA DZIEŃ

ŻYCIOWE
CELE

TU MOŻESZ ZAPISYWAĆ POSTĘPY I PLANY DZIAŁANIA, ABY ULEPSZYĆ DANĄ STRUKTURĘ.

KATEGORIA	JAK MI IDZIE ?	CO WYMAGA POPRAWY?	MÓJ CEL
RODZINA			
PRZYJACIELE			
PRACA			
CIAŁO			
ZDROWIE PSYCHICZNE			
DUCHOWOŚĆ			

TYGODNIOWE CELE

ZAPISZ CEL I DZIAŁANIA, KTÓRE ZBLIŻAJĄ CIĘ DO SUKCESU

	MÓJ CEL	MOJE DZIAŁANIA	ZALICZONY
			◯
			◯
			◯
			◯
			◯
			◯
			◯

CELU

OSIĄGNIĘCIE NASZYCH CELÓW ZALEŻY OD TEGO, CZY PODEJMIEMY DZIAŁANIA.
SKORZYSTAJ Z PONIŻSZYCH PYTAŃ, KTÓRE NA POCZĄTKU CI POMOGĄ.

CEL:

DLACZEGO CHCĘ TEJ ZMIANY?

JAKI JEST MÓJ CEL?

CZY TEN CEL JEST REALISTYCZNY?

JAKIE KORZYŚCI PRZYNIESIE MI ZMIANA?

JAKIE TRUDNOŚCI MOGĘ NAPOTKAĆ NA SWOJEJ DRODZE?

ZROZUMIENIE

CELU

OSIĄGNIĘCIE NASZYCH CELÓW ZALEŻY OD TEGO, CZY PODEJMIEMY DZIAŁANIA.
SKORZYSTAJ Z PONIŻSZEJ TABELI, ABY ZROZUMIEĆ „DLACZEGO" SWOICH CELÓW.

CEL:

JAKIE MAM WSPARCIE?

JAKI JEST MÓJ CEL?

JAKIE KROKI PODEJMĘ, ABY ROZPOCZĄĆ ZMIANĘ?

CZY JESTEM GOTOWA NA POŚWIĘCENIA?

CZY JESTEM GOTOWA NA EWENTUALNE NIEPOWODZENIA?

Ocenianie

Ocenianie innych niekiedy przychodzi tak łatwo. Oceniamy wygląd, umiejętności, wybory – naszą miarą. Czy wiemy, ile dana osoba przeszła, by być w tym miejscu, w którym jest teraz? Czy przeszliśmy życie w jej butach? Z jaką łatwością potrafimy skomentować np. wagę koleżanki, choć nie mamy pojęcia, jakie mogą stać za tym przyczyny. Widzimy sukces innych i oceniamy, a nie wiemy, ile pracy, czasu, pieniędzy ktoś w to zainwestował i ile po drodze się wydarzyło.

Teraz spójrzmy na to, jak Ty się czujesz, kiedy ktoś ocenia Ciebie? Czy jest Ci przykro? Czy to wpływa na Twoje poczucie wartości? Czy chcesz z kimś takim utrzymywać kontakt i mówić mu o planach / marzeniach / sukcesach? Co byłoby Ci miło usłyszeć w tym momencie?

Co lub kogo oceniam?

Jak czuję się z tym osądem?

Czy moje ocena innej osoby jest potrzebna?

Czy moja sytuacja życiowa / moje przeżycia / pragnienia / uczucia mają wpływ na to, że oceniam?

Czy potrafię odczuć, co ktoś czuje, gdy ja wydaję swoją ocenę?

Czy potrafię „wyłapać" moment, kiedy chcę wydać swoją nieproszoną opinię?

Jak mogę zatrzymać chęć oceny? Co mogę zrobić, by odrzucić tę myśl?

Jakie uczucie mi teraz towarzyszą?

Co mogę powiedzieć pozytywnego? Jak się czuję teraz, gdy nie oceniam?

Znajdziesz mnie tutaj:

 @pasja_motywacja

 @mamazeszkocji

Printed in Great Britain
by Amazon

39192031R00056